MOLIÈRE

L'ÉTOURDI

PARIS

Librairie des Bibliophiles

M DCCC LXXXVIII

LES PIÈCES DE MOLIÈRE

L'ÉTOURDI

OU

LES CONTRETEMPS

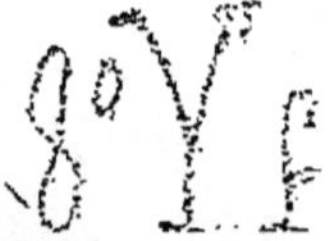

TIRAGE A PETIT NOMBRE

Il a été tiré en outre :

20 exemplaires sur papier du Japon, avec triple épreuve de la gravure (nos 1 à 20).

25 exemplaires sur papier de Chine fort, avec double épreuve de la gravure (nos 21 à 45).

25 exemplaires sur papier Whatman, avec double épreuve de la gravure (nos 46 à 70).

---

70 exemplaires, numérotés.

L'ETOURDI.
(Acte IV, Scène II)

MOLIÈRE

L'ÉTOURDI

OU

LES CONTRETEMPS

COMÉDIE EN CINQ ACTES

AVEC UNE NOTICE ET DES NOTES

PAR

AUGUSTE VITU

Dessin de L. Leloir

GRAVÉ A L'EAU-FORTE PAR CHAMPOLLION

PARIS

LIBRAIRIE DES BIBLIOPHILES

Rue de Lille, 7

M DCCC LXXXVIII

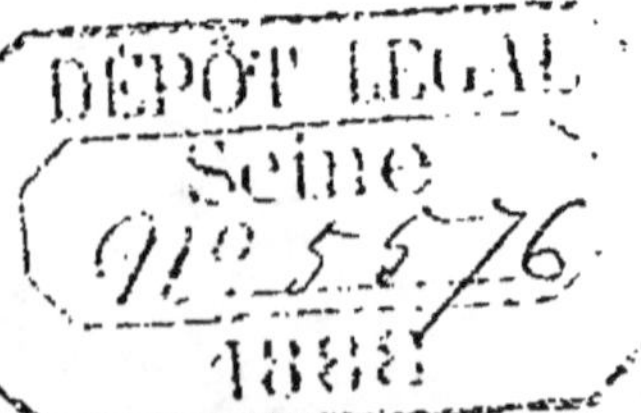

NOTE DES ÉDITEURS

En commençant aujourd'hui notre nouvelle édition du Théâtre de Molière, nous croyons devoir exposer les raisons qui nous ont déterminés à le publier en pièces séparées.

Depuis longtemps, notre réimpression des éditions originales de Molière, confiée aux soins de M. Louis Lacour, avait fait naître, chez nombre de bibliophiles, la pensée d'avoir ses pièces imprimées individuellement. Nous ne faisons donc que déférer à un désir maintes fois exprimé.

Il nous a semblé qu'une publication de ce genre, tout en étant faite avec le plus grand luxe, devait être envisagée aussi à un point de vue pratique, et nous ne l'avons pas comprise autrement qu'en volumes d'un format restreint, ne tenant pas une grande place dans la main, et qu'on pût facilement emporter sur soi. Aussi n'avons-nous pas hésité à choisir l'in-16 elzevirien, qui est le format de la *Petite Bibliothèque Artistique*, dont les pièces de Molière seront comme une annexe.

C'est encore pour obéir à l'esprit pratique qui nous guidait que nous avons décidé d'adopter l'orthographe moderne, ne conservant que certaines particularités orthographiques auxquelles, en raison de la rime, ou pour d'autres causes, il nous a semblé impossible de nous soustraire. Nous n'en avons pas moins reproduit scrupuleusement le texte des éditions originales, auquel nous avons ajouté seulement quelques jeux de scène, dans les cas où ils ont semblé indispensables à l'intelligence du texte.

Les notices et les notes qui accompagnent chaque pièce sont de M. Auguste Vitu, l'un de nos moliéristes les plus érudits, et dont la grande compétence en matière théâtrale était une raison de plus pour que nous dussions nous adresser à lui.

Nous avons joint à nos *Pièces de Molière* une nouvelle reproduction, par M. Champollion, des beaux dessins de Louis Leloir, déjà gravés par M. Flameng, et qui ont valu un si éclatant succès à l'édition in-8° de nos *Grandes Publications Artistiques*. On voit que, dans un cas comme dans l'autre, nous nous sommes adressés à un artiste d'une incontestable valeur, et il y aura, pour les amateurs, une très intéressante comparaison à faire entre la morsure énergique du premier graveur et le travail plus doux et plus caressé du second.

Bien que les *Pièces de Molière* se rattachent à la *Petite Bibliothèque Artistique*, nous n'en avons pas fait, comme pour les ouvrages de cette collection, de tirage in-8°. Mais les personnes qui désireront avoir un exemplaire de ce format avec les nouvelles gravures pourront les joindre au tirage en grand papier du Molière publié en huit volumes dans la *Nouvelle Bibliothèque Classique*.

Nous pensons avoir ainsi présenté cette nouvelle édition dans les conditions les plus convenables au genre de la publication, et les plus propres à satisfaire les goûts de tous les amateurs. Ce ne sera pas, en tout cas, la volonté de bien faire qui nous aura manqué.

LES ÉDITEURS.

NOTICE

SUR *L'ÉTOURDI*

NOTICE

SUR *L'ÉTOURDI*

L'ÉTOURDI *est, historiquement et authentiquement, le premier ouvrage de Molière. Il y a donc un intérêt sérieux à constater la date de sa première apparition, qui est fixée d'une manière certaine par le Registre de La Grange. Voici comment il s'en explique à la page 4 de son précieux journal, sous la date de* 1658 : « L'ESTOURDY, *comedie du Sr Moliere, passa pour nouvelle à Paris, eust un grand succez, et produisit de part pour chaque acteur soixante et dix pistolles. Cette piece de theastre a esté representée pour la premiere fois à Lion l'an* 1655. » *Rien de plus net. Cependant on a, dans ces derniers temps, essayé d'y substituer la date de* 1653. *C'est à un érudit trop ingénieux que nous devons ce nouvel obscurcissement d'un des points les plus clairs de la vie de Molière. Suivons bien le raisonnement de M. Loise-*

leur. René Berthelot sieur du Parc épousa le 23 février 1653, à Lyon, Thérèse-Marquise de Gorla, fille d'un opérateur suisse, nommé Jacques de Gorla, établi à Lyon depuis 1635. Molière et Joseph Béjart signèrent au contrat avec du Fresne, directeur de la troupe dont ils faisaient partie. Or, on suppose que Mlle du Parc dut créer à Lyon le rôle d'Hippolyte dans L'ÉTOURDI; *donc,* L'ÉTOURDI *doit avoir la même date que le mariage de Mlle du Parc. Nulle preuve n'est d'ailleurs apportée à l'appui de ce syllogisme. La date de 1655, fournie par La Grange alors que sa mémoire était toute fraîche, puisqu'il écrivait trois ans après la première représentation de* L'ÉTOURDI, *demeure donc acquise à l'histoire littéraire.*

Molière, devenu le directeur en titre de la troupe de du Fresne, arriva à Paris au mois d'octobre 1658; ses camarades et lui se donnèrent à Monsieur, Philippe d'Orléans, frère unique du roi Louis XIV, qui leur accorda l'honneur de sa protection, le titre de ses comédiens, et trois cents livres de pension pour chacun d'eux, qui ne furent jamais payées. La troupe comprenait alors dix sociétaires à part entière, savoir :

Molière, Béjart aîné (Joseph), Béjart cadet (Louis), du Parc, du Fresne, de Brie, Mlles Madeleine Béjart, du Parc, de Brie, et Hervé (Geneviève Béjart), plus un gagiste nommé Croisac, à 2 livres par jour.

La troupe joua d'abord au Louvre, dans la salle

des Gardes, aujourd'hui des Cariatides, devant le roi, le 24 octobre 1658. Elle représenta la tragédie de NICOMÈDE, *du grand Corneille, et* LE DOCTEUR AMOUREUX, *comédie de Le Vert, jouée pour la première fois en 1638, et qu'on attribue aujourd'hui à Molière, sans l'ombre d'une raison. Il suffirait, pour s'assurer que cette opinion est fausse, de considérer que* LE DOCTEUR AMOUREUX, *représenté ce jour-là devant le roi, ne fut pas rejoué devant le public pendant les années 1658 et 1659. Comment Molière aurait-il laissé dans l'oubli, s'il en eût été l'auteur, une comédie qui avait amusé le roi? Mais voici des éclaircissements plus complets et ne laissant place à aucun doute.* LE DOCTEUR AMOUREUX *ne reparaît pas sur l'affiche pendant deux ans et demi; mais le répertoire de La Grange signale à la date du 5 juin 1660 et au delà quelques représentations d'une pièce qu'il désigne tantôt par abréviation* LE DOCTEUR PÉD., *tantôt en entier* LE DOCTEUR PÉDANT. *Si le titre de* DOCTEUR PÉDANT *pouvait s'appliquer au* DOCTEUR AMOUREUX *de Le Vert, la question serait jugée. Or, il s'y applique on ne peut plus juste. Fabrice, le docteur amoureux, n'est qu'un personnage épisodique dans la comédie de Le Vert, et donne néanmoins son nom à la pièce parce que, c'est Le Vert qui nous en instruit, le personnage de Fabrice attirait la foule à l'Hôtel de Bourgogne toutes les fois qu'il y paraissait. C'est le type du docteur de la comédie italienne, bavard, ridicule et pédant, qui emploie à tort et à travers des mots grecs et latins francisés, et qui finit par se faire chasser en qualifiant de* vieux microcosme *le père de celle qu'il poursuivait de son grotesque amour. Dans la préface qui précède la première édition du* DOCTEUR AMOUREUX (Paris, Augustin Courbé, in-4°, 30 mai 1638, privilège du 23 février précédent), *Le Vert nous apprend que sa pièce, en sa nouveauté, « avoit contenté la Cour ». Dès lors nous devinons sans peine pourquoi Molière, admis à jouer pour la première fois devant le roi Louis XIV, inscrivit sur son programme une petite pièce qui avait réussi vingt ans auparavant devant le roi Louis XIII.*

Cette digression n'était pas inutile, puisqu'elle règle la question du DOCTEUR AMOUREUX *et décharge les éditeurs de Molière de tout scrupule de conscience à cet égard. Le plaisant, c'est que le* DICTIONNAIRE PORTATIF DES THÉATRES, *de Léris, qui ne doute de rien, enregistre gravement :* « LE DOCTEUR PÉDANT, *petite farce de Molière, représentée le* 23 *avril* 1639, *et qui n'est pas imprimée.* » *Je le crois sans peine. Au mois d'avril* 1639, *Molière, âgé de dix-sept ans et trois mois, était encore assis sur les bancs du collège.*

Quoi qu'il en soit, la représentation du 24 *octobre* 1658 *paraît avoir conquis à la troupe de Monsieur le suffrage du roi : car il lui fut sur-le-champ permis de s'établir au Petit-Bourbon, c'est-à-dire au palais de Bourbon, qui, jouxtant le Louvre, occupait l'em-*

placement actuel du jardin de l'Infante jusqu'à la rue du Louvre. A ce moment, Molière et les Béjart logeaient au quai de l'École, dans une maison, depuis longtemps démolie, qui s'ouvrait par derrière sur le cloître Saint-Germain-l'Auxerrois.

Ils trouvèrent établie à la salle du Petit-Bourbon une troupe de comédiens italiens, qui jouait deux fois par semaine, les mardis et vendredis. Molière et ses camarades donnèrent 1,500 livres aux Italiens pour jouer les jours extraordinaires, c'est-à-dire les lundis, mercredis, jeudis et samedis. Ils commencèrent leurs représentations publiques le 3 novembre 1658. La première nouveauté qu'ils présentèrent aux Parisiens, probablement le jour même de l'ouverture, fut L'ÉTOURDI, *dont le succès fut très grand. Les dix sociétaires se partagèrent 700 pistoles, équivalant à une quinzaine de mille francs de notre monnaie; ce qui leur fit à chacun une part de 1,500 francs pour une campagne d'environ cinq mois, du 24 octobre 1658 jusqu'en mars 1659, époque de la clôture annuelle, un mois avant Pâques.*

Le répertoire de La Grange conserve les traces du succès de vogue obtenu par L'ÉTOURDI. *Le roi le fit représenter devant lui au Louvre le samedi soir 11 mai 1659. Béjart l'aîné, chargé du rôle de Lélie, et qui l'avait déjà joué dans l'après-midi devant le public, tomba malade pendant la représentation du Louvre, et n'acheva son rôle qu'avec peine. Il ne s'en releva pas, et mourut le 25 mai 1659, âgé de trente-sept ans, dans la maison du quai de l'École. Chose étrange, le créateur de Lélie de* L'ÉTOURDI *et d'Éraste du* DÉPIT AMOUREUX *était bègue. Il existe aux minutes de Me Carré, notaire à Paris, un acte authentique par lequel un médecin de province s'engageait envers Mme Béjart la mère à guérir son fils de son infirmité; on voit qu'il n'y réussit pas.*

Tout le monde sait que L'ÉTOURDI, *que Molière écrivit à l'âge de trente-trois ans, est une imitation de la comédie italienne de Nicolas Barbieri dit* Beltramo, *intitulée* L'INAVVERTITO, *imprimée en* 1629. *Cette pièce est demeurée longtemps au théâtre; les comédiens italiens de Paris la représentaient encore au commencement du présent siècle. En voici le résumé. Fulvio, fils de Pantalon, est amoureux de la belle esclave Turqueta. Scapin, son valet, imagine mille tours pour enlever Turqueta à son maître Arlequin, marchand d'esclaves; mais Fulvio déjoue toutes ses combinaisons, qu'il ne devine jamais. À la fin, Scapin se jette aux pieds de Pantalon, lui dit que son fils est mort s'il ne lui achète Turqueta; il fléchit le vieillard, et appelle son jeune maître, qui, craignant de gâter encore une fois ses affaires, s'enfuit à toutes jambes; Scapin le ramène malgré lui pour la signature du contrat. Excellent trait que Molière a négligé, ou plutôt qu'il a transposé, car c'est son Mascarille qui prend la fuite à la fin du second acte, dans son dépit des perpétuels « impairs » commis par son maître.*

L'idée principale de L'INAVVERTITO *fut traitée presque en même temps par Molière dans* L'ÉTOURDI *et par Philippe Quinault dans* L'AMANT INDISCRET. *Aucun document positif ne permet d'établir l'antériorité de l'un ou de l'autre. On assure communément que la pièce de Quinault fut représentée à l'Hôtel de Bourgogne en 1654, et ne fut imprimée pour la première fois que deux années plus tard, sous le titre de* L'AMANT INDISCRET, OU LE MAISTRE ESTOURDY, *comédie en cinq actes en vers, dédiée au duc de La Valette, Paris, chez Toussaint Quinet, 1656, in-12. Cette indication du catalogue de Soleinne est fort sujette à caution; M. Victor Fournel, qui a réimprimé la pièce de Quinault dans ses* CONTEMPORAINS DE MOLIÈRE, *ne connaît pas d'autre édition que celle de 1664, à Rouen, chez Guillaume de Luynes.*

En tout cas, la pièce de Molière fut jouée avant la publication de celle de Quinault, et, selon toute vraisemblance, dut la précéder à l'impression, car l'édition originale de L'ÉTOURDI *fut donnée par Gabriel Quinet et Claude Barbin, qui la dédièrent à messire Armand-Jean de Riantz, Paris, 1663, in-12, en vertu d'un privilège du 31 mai 1660, accordé « au sieur Molier ».*

Du reste, les deux pièces ne se ressemblent que par l'idée première, empruntée par toutes deux à L'INAVVERTITO. *Elles se séparent au contraire par des différences profondes, qui répondent à l'originalité personnelle du génie de Molière et du talent de Quinault. La pièce de celui-ci est toute parisienne et tout actuelle; la belle qu'adore Cléandre, l'amant indiscret, arrive par le coche d'eau, et les cabaretiers célèbres de l'Épée-Royale et de la Tête-Noire se disputent l'honneur de loger les différents personnages, ce qui fournit des détails de mœurs devenus archéologiques, et par conséquent fort curieux.*

Molière, au contraire, travaille d'après l'antiquité classique; ses personnages offrent l'aspect de types généraux, selon la comédie latine de Plaute et de Térence, avec ses fils de famille épris de belles esclaves qu'ils achètent à l'enchère. C'est le lieu de remarquer que nulle comédie de ce grand homme ne renferme le plus petit détail de topographie ni de description locale. On n'y rencontre jamais de ces peintures parisiennes auxquelles se complaisait le grand Corneille lui-même dans LA GALERIE DU PALAIS, *par exemple, et dans* LE MENTEUR. *Cela s'explique pour des pièces composées en province, comme* L'ÉTOURDI et LE DÉPIT AMOUREUX, *par un homme qui avait quitté Paris depuis dix ans. Lorsqu'il y revint ensuite, le pli était pris. J'ajoute que la nature même de son génie, avide de hautes conceptions et de généralisations psychologiques, planait avec une majestueuse indifférence au-dessus des menus détails qui donnent tant de prix à des œuvres secondaires, en même temps qu'ils les condamnent à un rapide oubli.*

Le Beltramo *n'est pas le seul auteur italien que Molière ait mis à contribution pour la composition de* L'ÉTOURDI ; *les reproches que Mascarille adresse à son maître (acte* IV, *scène* IV) :

> ... Chacun a pu le voir,
> A table, où Trufaldin l'oblige de se seoir,
> Vous n'avez toujours fait qu'avoir les yeux sur elle, etc.,

*sont littéralement traduits de l'*ANGELICA, *de Fabrizio de Fornaris, surnommé le capitaine Crocodile :* « Tu non stai mai appresso ad Angelica... a tavola stai come stupido a contemplarla », etc.

On a beaucoup épilogué sur le titre. Lélie est plutôt irréfléchi qu'étourdi, et tout le monde est d'accord que Mascarille ne devrait accuser que lui-même si Lélie déjoue des combinaisons dont on ne l'avait pas averti; l'inavvertito *italien est d'une nuance plus juste.*

De fait, Lélie n'est pas plus étourdi que le Cléandre de Quinault n'est indiscret; ils sont plutôt inavertis, j'en conviens; il faut ajouter qu'ils ne sont pas non plus très malins, et qu'une seule mésaventure devrait suffire pour les mettre sur leurs gardes.

Et cependant, malgré le peu de nouveauté du fond, les défauts de l'intrigue et quelque négligence de style, la comédie de Molière est écrite d'une verve si franche, dans une langue si colorée et si primesautière, qu'elle garde l'immortelle fraîcheur des toiles pieusement conservées dans l'ombre des musées. La dernière reprise de L'ÉTOURDI, *à la Comédie-Française, le* 23 *octobre* 1871, *fut un triomphe éclatant pour la verve intarissable de M. Coquelin aîné, sous la casaque de Mascarille, et pour M. Delaunay, le plus jeune, le plus élégant et le plus spirituellement étourdi des Lélies.*

On ne saurait établir avec certitude les noms des comédiens qui créèrent L'ÉTOURDI *à Lyon en* 1655. *On éprouve même, pour retrouver la distribution des rôles à Paris en* 1658, *une difficulté particulière : c'est que* L'ÉTOURDI *comporte neuf rôles d'hommes, et qu'il n'y avait que sept comédiens dans la troupe, six sociétaires et un gagiste, d'où cette conséquence nécessaire que l'un d'eux tenait trois rôles à lui tout seul. Ce sont, très probablement, ceux d'Andrès, d'Ergaste et du courrier, qui ne se rencontrent jamais ensemble, et qui ont dû naturellement échoir au gagiste Croisac. Il ne reste plus alors qu'à répartir les rôles des six sociétaires, et l'on peut s'arrêter comme très vraisemblable à la distribution suivante :*

Lélie.		BÉJART aîné.
Mascarille.		MOLIÈRE.
Anselme.		L. BÉJART.
Trufaldin.		DE BRIE.
Pandolfe.		DU PARC.
Léandre.		DU FRESNE.
Andrès.		CROISAC.
Ergaste.		CROISAC.
Un Courrier.		CROISAC.
Célie.	Mlles	DE BRIE.
Hippolyte.		DU PARC.

On a voulu contester l'attribution des rôles de jeunes premiers à Béjart aîné ; c'est aller contre l'évidence ; on sait par les documents contemporains qu'il créa le rôle d'Éraste du DÉPIT AMOUREUX; *le Registre de La Grange n'est pas moins explicite pour celui de Lélie; à propos de la maladie de Béjart à la représentation du Louvre, « M. Béjard, dit-il, tomba malade et acheva son rôle de l'Estourdy avec payne ». Voilà qui est précis, son rôle de l'Étourdi, et non pas son rôle dans* L'ÉTOURDI. *La nuance est significative.*

Ce fut La Grange, ce modèle des premiers amoureux, qui remplaça Joseph Béjart dans ce genre de rôles.

AUGUSTE VITU.

L'ÉTOURDI

OU

LES CONTRETEMPS

COMÉDIE EN CINQ ACTES

EN VERS

ACTEURS

LÉLIE, fils de Pandolfe.

CÉLIE, esclave de Trufaldin.

MASCARILLE, valet de Lélie.

HIPPOLYTE, fille d'Anselme.

ANSELME, vieillard.

TRUFALDIN, vieillard.

PANDOLFE, vieillard.

LÉANDRE, fils de famille.

ANDRÈS, cru Égyptien.

ERGASTE, valet.

UN COURRIER.

DEUX TROUPES DE MASQUES.

La scène est à Messine.

L'ÉTOURDI

OU

LES CONTRETEMPS

ACTE PREMIER

SCÈNE PREMIÈRE

LÉLIE.

Hé bien! Léandre, hé bien! il faudra contester;
Nous verrons de nous deux qui pourra l'emporter;
Qui, dans nos soins communs pour ce jeune miracle,
Aux vœux de son rival portera plus d'obstacle.
Préparez vos efforts, et vous défendez bien,
Sûr que de mon côté je n'épargnerai rien.

SCÈNE II

LÉLIE, MASCARILLE.

LÉLIE.

Ah! Mascarille.

MASCARILLE.

Quoi?

LÉLIE.

Voici bien des affaires;
J'ai dans ma passion toutes choses contraires :
Léandre aime Célie, et, par un trait fatal,
Malgré mon changement, est toujours mon rival.

MASCARILLE.

Léandre aime Célie!

LÉLIE.

Il l'adore, te dis-je.

MASCARILLE.

Tant pis.

LÉLIE.

Hé! oui, tant pis : c'est là ce qui m'afflige.
Toutefois j'aurois tort de me désespérer;
Puisque j'ai ton secours, je puis me rassurer.
Je sais que ton esprit, en intrigues fertile,
N'a jamais rien trouvé qui lui fût difficile,
Qu'on te peut appeler le roi des serviteurs,
Et qu'en toute la terre...

MASCARILLE.

Hé! trêve de douceurs.
Quand nous faisons besoin, nous autres misérables,
Nous sommes les chéris et les incomparables;
Et dans un autre temps, dès le moindre courroux,
Nous sommes les coquins qu'il faut rouer de coups.

LÉLIE.

Ma foi, tu me fais tort avec cette invective;
Mais enfin discourons un peu de ma captive :
Dis si les plus cruels et plus durs sentiments
Ont rien d'impénétrable à des traits si charmants.
Pour moi, dans ses discours comme dans son visage,
Je vois pour sa naissance un noble témoignage,
Et je crois que le Ciel dedans un rang si bas
Cache son origine, et ne l'en tire pas.

MASCARILLE.

Vous êtes romanesque avecque vos chimères;
Mais que fera Pandolfe en toutes ces affaires?
C'est, Monsieur, votre père, au moins à ce qu'il dit;
Vous savez que sa bile assez souvent s'aigrit,
Qu'il peste contre vous d'une belle manière
Quand vos déportements lui blessent la visière;
Il est avec Anselme en parole pour vous,
Que de son Hippolyte on vous fera l'époux,
S'imaginant que c'est dans le seul mariage
Qu'il pourra rencontrer de quoi vous faire sage.
Et, s'il vient à savoir que, rebutant son choix,
D'un objet inconnu vous recevez les lois,
Que de ce fol amour la fatale puissance

Vous soustrait au devoir de votre obéissance,
Dieu sait quelle tempête alors éclatera,
Et de quels beaux sermons on vous régalera.

LÉLIE.

Ah! trêve, je vous prie, à votre rhétorique.

MASCARILLE.

Mais vous, trêve plutôt à votre politique;
Elle n'est pas fort bonne, et vous devriez tâcher...

LÉLIE.

Sais-tu qu'on n'acquiert rien de bon à me fâcher,
Que chez moi les avis ont de tristes salaires,
Qu'un valet conseiller y fait mal ses affaires?

MASCARILLE, *à part.*

Il se met en courroux!

(*Haut.*)

Tout ce que j'en ai dit
N'étoit rien que pour rire et vous sonder l'esprit.
D'un censeur de plaisir ai-je fort l'encolure,
Et Mascarille est-il ennemi de nature?
Vous savez le contraire, et qu'il est très certain
Qu'on ne peut me taxer que d'être trop humain.
Moquez-vous des sermons d'un vieux barbon de père;
Poussez votre bidet, vous dis-je, et laissez faire;
Ma foi, j'en suis d'avis, que ces penards chagrins
Nous viennent étourdir de leurs contes badins,
Et, vertueux par force, espèrent par envie
Oter aux jeunes gens les plaisirs de la vie!
Vous savez mon talent : je m'offre à vous servir.

LÉLIE.

Ah! c'est par ces discours que tu peux me ravir.
Au reste, mon amour, quand je l'ai fait paraître,
N'a point été mal vu des yeux qui l'ont fait naître;
Mais Léandre à l'instant vient de me déclarer
Qu'à me ravir Célie il se va préparer.
C'est pourquoi dépêchons, et cherche dans ta tête
Les moyens les plus prompts d'en faire ma conquête;
Treuve ruses, détours, fourbes, inventions,
Pour frustrer un rival de ses prétentions.

MASCARILLE.

Laissez-moi quelque temps rêver à cette affaire.
(*A part.*)
Que pourrois-je inventer pour ce coup nécessaire?

LÉLIE.

Hé bien? le stratagème?

MASCARILLE.

Ah! comme vous courez!
Ma cervelle toujours marche à pas mesurés.
J'ai trouvé votre fait : il faut... Non, je m'abuse;
Mais si vous alliez...

LÉLIE.

Où?

MASCARILLE.

C'est une foible ruse.
J'en songeois une.

LÉLIE.

Et quelle?

MASCARILLE.

Elle n'iroit pas bien.
Mais ne pourriez-vous pas...?

LÉLIE.

Quoi?

MASCARILLE.

Vous ne pourriez rien.
Parlez avec Anselme.

LÉLIE.

Et que lui puis-je dire?

MASCARILLE.

Il est vrai, c'est tomber d'un mal dedans un pire.
Il faut pourtant l'avoir. Allez chez Trufaldin.

LÉLIE.

Que faire?

MASCARILLE.

Je ne sais.

LÉLIE.

C'en est trop à la fin;
Et tu me mets à bout par ces contes frivoles.

MASCARILLE.

Monsieur, si vous aviez en main force pistoles,
Nous n'aurions pas besoin maintenant de rêver
A chercher les biais que nous devons trouver,
Et pourrions, par un prompt achat de cette esclave,
Empêcher qu'un rival vous prévienne et vous brave.
De ces Égyptiens, qui la mirent ici,
Trufaldin, qui la garde, est en quelque souci,
Et, trouvant son argent qu'ils lui font trop attendre,

Je sais bien qu'il seroit très ravi de la vendre :
Car enfin en vrai ladre il a toujours vécu,
Il se feroit fesser pour moins d'un quart d'écu,
Et l'argent est le Dieu que sur tout il révère ;
Mais le mal c'est...

LÉLIE.

Quoi? c'est?

MASCARILLE.

Que monsieur votre père
Est un autre vilain qui ne vous laisse pas
Comme vous voudriez bien manier ses ducats ;
Qu'il n'est point de ressort qui pour votre ressource
Pût faire maintenant ouvrir la moindre bourse.
Mais tâchons de parler à Célie un moment
Pour savoir là-dessus quel est son sentiment.
La fenêtre est ici.

LÉLIE.

Mais Trufaldin pour elle
Fait de nuit et de jour exacte sentinelle ;
Prends garde.

MASCARILLE.

Dans ce coin demeurons en repos.
Oh bonheur! la voilà qui paroît à propos.

SCÈNE III

LÉLIE, CÉLIE, MASCARILLE.

LÉLIE.

Ah ! que le Ciel m'oblige en offrant à ma vue
Les célestes attraits dont vous êtes pourvue !
Et, quelque mal cuisant que m'aient causé vos yeux,
Que je prends de plaisir à les voir en ces lieux !

CÉLIE.

Mon cœur, qu'avec raison votre discours étonne,
N'entend pas que mes yeux fassent mal à personne,
Et, si dans quelque chose ils vous ont outragé,
Je puis vous assurer que c'est sans mon congé.

LÉLIE.

Ah ! leurs coups sont trop beaux pour me faire une injure.
Je mets toute ma gloire à chérir ma blessure,
Et...

MASCARILLE.

Vous le prenez là d'un ton un peu trop haut,
Ce style maintenant n'est pas ce qu'il nous faut ;
Profitons mieux du temps, et sachons vite d'elle
Ce que...

TRUFALDIN, *dans la maison.*

Célie !

MASCARILLE.

Hé bien ?

LÉLIE.

O rencontre cruelle!
Ce malheureux vieillard devoit-il nous troubler?

MASCARILLE.

Allez, retirez-vous; je saurai lui parler.

SCÈNE IV

TRUFALDIN, CÉLIE, MASCARILLE,
et LÉLIE, *retiré dans un coin.*

TRUFALDIN, *à Célie.*

Que faites-vous dehors? et quel soin vous talonne,
Vous à qui je défends de parler à personne?

CÉLIE.

Autrefois j'ai connu cet honnête garçon;
Et vous n'avez pas lieu d'en prendre aucun soupçon.

MASCARILLE.

Est-ce là le seigneur Trufaldin?

CÉLIE.

Oui, lui-même.

MASCARILLE.

Monsieur, je suis tout vôtre, et ma joie est extrême
De pouvoir saluer en toute humilité
Un homme dont le nom est partout si vanté.

TRUFALDIN.

Très humble serviteur.

MASCARILLE.

J'incommode peut-être;
Mais je l'ai vue ailleurs, où, m'ayant fait connaître
Les grands talents qu'elle a pour savoir l'avenir,
Je voulois sur un point un peu l'entretenir.

TRUFALDIN.

Quoi! te mêlerois-tu d'un peu de diablerie?

CÉLIE.

Non, tout ce que je sais n'est que blanche magie.

MASCARILLE.

Voici donc ce que c'est. Le maître que je sers
Languit pour un objet qui le tient dans ses fers;
Il auroit bien voulu du feu qui le dévore
Pouvoir entretenir la beauté qu'il adore;
Mais un dragon, veillant sur ce rare trésor,
N'a pu, quoi qu'il ait fait, le lui permettre encor,
Et, ce qui plus le gêne et le rend misérable,
Il vient de découvrir un rival redoutable;
Si bien que, pour savoir si ses soins amoureux
Ont sujet d'espérer quelque succès heureux,
Je viens vous consulter, sûr que de votre bouche
Je puis apprendre au vrai le secret qui nous touche.

CÉLIE.

Sous quel astre ton maître a-t-il reçu le jour?

MASCARILLE.

Sous un astre à jamais ne changer son amour.

CÉLIE.

Sans me nommer l'objet pour qui son cœur soupire,
La science que j'ai m'en peut assez instruire :

Cette fille a du cœur, et dans l'adversité
Elle sait conserver une noble fierté;
Elle n'est pas d'humeur à trop faire connaître
Les secrets sentiments qu'en son cœur on fait naître;
Mais je les sais comme elle, et, d'un esprit plus doux,
Je vais en peu de mots vous les découvrir tous.

MASCARILLE.

O merveilleux pouvoir de la vertu magique!

CÉLIE.

Si ton maître en ce point de constance se pique,
Et que la vertu seule anime son dessein,
Qu'il n'appréhende pas de soupirer en vain :
Il a lieu d'espérer, et le fort qu'il veut prendre
N'est pas sourd aux traités, et voudra bien se rendre.

MASCARILLE.

C'est beaucoup; mais ce fort dépend d'un gouverneur
Difficile à gagner.

CÉLIE.

C'est là tout le malheur.

MASCARILLE, *à part*.

Au diable le fâcheux qui toujours nous éclaire!

CÉLIE.

Je vais vous enseigner ce que vous devez faire.

LÉLIE, *les joignant*.

Cessez, ô Trufaldin, de vous inquiéter :
C'est par mon ordre seul qu'il vous vient visiter;
Et je vous l'envoyois, ce serviteur fidèle,
Vous offrir mon service, et vous parler pour elle,
Dont je vous veux dans peu payer la liberté,

Pourvu qu'entre nous deux le prix soit arrêté.

MASCARILLE.

La peste soit la bête!

TRUFALDIN.

Ho! ho! qui des deux croire?
Ce discours au premier est fort contradictoire.

MASCARILLE.

Monsieur, ce galant homme a le cerveau blessé;
Ne le savez-vous pas?

TRUFALDIN.

Je sais ce que je sais;
J'ai crainte ici dessous de quelque manigance.
(*A Célie.*)
Rentrez, et ne prenez jamais cette licence;
Et vous, filous fieffés, ou je me trompe fort,
Mettez pour me jouer vos flûtes mieux d'accord.

MASCARILLE.

C'est bien fait; je voudrois qu'encor, sans flatterie,
Il nous eût d'un bâton chargés de compagnie:
A quoi bon se montrer, et comme un étourdi
Me venir démentir de tout ce que je di?

LÉLIE.

Je pensois faire bien.

MASCARILLE.

Oui, c'étoit fort l'entendre.
Mais quoi! cette action ne me doit point surprendre:
Vous êtes si fertile en pareils contretemps
Que vos écarts d'esprit n'étonnent plus les gens.

LÉLIE.

Ah ! mon Dieu, pour un rien me voilà bien coupable !
Le mal est-il si grand qu'il soit irréparable ?
Enfin, si tu ne mets Célie entre mes mains,
Songe au moins de Léandre à rompre les desseins ;
Qu'il ne puisse acheter avant moi cette belle.
De peur que ma présence encor soit criminelle,
Je te laisse.

MASCARILLE.

Fort bien. A dire vrai, l'argent
Seroit dans notre affaire un sûr et fort agent ;
Mais, ce ressort manquant, il faut user d'un autre.

SCÈNE V

ANSELME, MASCARILLE.

ANSELME.

Par mon chef, c'est un siècle étrange que le nôtre !
J'en suis confus ; jamais tant d'amour pour le bien,
Et jamais tant de peine à retirer le sien.
Les dettes aujourd'hui, quelque soin qu'on emploie,
Sont comme les enfants, que l'on conçoit en joie,
Et dont avecque peine on fait l'accouchement :
L'argent dans une bourse entre agréablement ;
Mais, le terme venu que nous devons le rendre,
C'est lors que les douleurs commencent à nous prendre.
Baste ! ce n'est pas peu que deux mille francs, dus

Depuis deux ans entiers, me soient enfin rendus;
Encore est-ce un bonheur.

MASCARILLE, *à part.*

O Dieu! la belle proie
A tirer en volant! chut : il faut que je voie
Si je pourrois un peu de près le caresser.
Je sais bien les discours dont il faut le bercer.
(*A Anselme.*)
Je viens de voir, Anselme...

ANSELME.

Et qui?

MASCARILLE.

Votre Nérine.

ANSELME.

Que dit-elle de moi, cette gente assassine?

MASCARILLE.

Pour vous elle est de flamme.

ANSELME.

Elle?

MASCARILLE.

Et vous aime tant
Que c'est grande pitié.

ANSELME.

Que tu me rends content!

MASCARILLE.

Peu s'en faut que d'amour la pauvrette ne meure.
« Anselme, mon mignon, crie-t-elle à toute heure,
Quand est-ce que l'hymen unira nos deux cœurs,
Et que tu daigneras éteindre mes ardeurs? »

ANSELME.

Mais pourquoi jusqu'ici me les avoir celées?
Les filles, par ma foi, sont bien dissimulées!
Mascarille, en effet, qu'en dis-tu? quoique vieux,
J'ai de la mine encore assez pour plaire aux yeux.

MASCARILLE.

Oui, vraiment, ce visage est encor fort mettable;
S'il n'est pas des plus beaux, il est *désagréable*.

ANSELME.

Si bien donc...

MASCARILLE.

Si bien donc qu'elle est sotte de vous,
Ne vous regarde plus...

ANSELME.

Quoi?

MASCARILLE.

Que comme un époux,
Et vous veut...

ANSELME.

Et me veut?

MASCARILLE.

Et vous veut, quoi qu'il tienne,
Prendre la bourse.

ANSELME.

La...?

MASCARILLE.

La bouche avec la sienne.

ANSELME.

Ah! je t'entends. Viens çà; lorsque tu la verras,

Vante-lui mon mérite autant que tu pourras.

MASCARILLE.

Laissez-moi faire.

ANSELME.

Adieu.

MASCARILLE.

Que le Ciel vous conduise.

ANSELME.

Ah! vraiment, je faisois une étrange sottise,
Et tu pouvois pour toi m'accuser de froideur :
Je t'engage à servir mon amoureuse ardeur,
Je reçois par ta bouche une bonne nouvelle,
Sans du moindre présent récompenser ton zèle;
Tiens, tu te souviendras...

MASCARILLE.

Ah! non pas, s'il vous plaît.

ANSELME.

Laisse-moi.

MASCARILLE.

Point du tout, j'agis sans intérêt.

ANSELME.

Je le sais; mais pourtant...

MASCARILLE.

Non, Anselme, vous dis-je,
Je suis homme d'honneur, cela me désoblige.

ANSELME.

Adieu donc, Mascarille.

MASCARILLE.

O long discours!

ANSELME.

Je veux
Régaler par tes mains cet objet de mes vœux;
Et je vais te donner de quoi faire pour elle
L'achat de quelque bague ou telle bagatelle
Que tu trouveras bon.

MASCARILLE.

Non, laissez votre argent,
Sans vous mettre en souci : je ferai le présent;
Et l'on m'a mis en main une bague à la mode
Qu'après vous payerez, si cela l'accommode.

ANSELME.

Soit; donne-la pour moi; mais surtout fais si bien
Qu'elle garde toujours l'ardeur de me voir sien.

SCÈNE VI

LÉLIE, ANSELME, MASCARILLE.

LÉLIE, *ramassant la bourse.*

A qui la bourse?

ANSELME.

Ah! Dieux! elle m'étoit tombée,
Et j'aurois après cru qu'on me l'eût dérobée;
Je vous suis bien tenu de ce soin obligeant
Qui m'épargne un grand trouble, et me rend mon argent.
Je vais m'en décharger au logis tout à l'heure.

MASCARILLE.

C'est être officieux, et très fort, ou je meure.

LÉLIE.

Ma foi, sans moi l'argent étoit perdu pour lui.

MASCARILLE.

Certes vous faites rage, et payez aujourd'hui
D'un jugement très rare et d'un bonheur extrême.
Nous avancerons fort, continuez de même.

LÉLIE.

Qu'est-ce donc? qu'ai-je fait?

MASCARILLE.

Le sot, en bon françois,
Puisque je puis le dire, et qu'enfin je le dois.
Il sait bien l'impuissance où son père le laisse,
Qu'un rival qu'il doit craindre étrangement nous presse;
Cependant, quand je tente un coup pour l'obliger,
Dont je cours moi tout seul la honte et le danger...

LÉLIE.

Quoi! c'étoit...?

MASCARILLE.

Oui, bourreau, c'étoit pour la captive
Que j'attrapois l'argent dont votre soin nous prive.

LÉLIE.

S'il est ainsi, j'ai tort; mais qui l'eût deviné?

MASCARILLE.

Il falloit, en effet, être bien raffiné.

LÉLIE.

Tu me devois par signe avertir de l'affaire.

MASCARILLE.

Oui, je devois au dos avoir mon luminaire.
Au nom de Jupiter, laissez-nous en repos,
Et ne nous chantez plus d'impertinents propos :
Un autre après cela quitteroit tout peut-être;
Mais j'avois médité tantôt un coup de maître
Dont tout présentement je veux voir les effets,
A la charge que si...

LÉLIE.

Non, je te le promets,
De ne me mêler plus de rien dire ou rien faire.

MASCARILLE.

Allez donc : votre vue excite ma colère.

LÉLIE.

Mais surtout hâte-toi, de peur qu'en ce dessein...

MASCARILLE.

Allez, encore un coup; j'y vais mettre la main.
(*Seul.*)
Menons bien ce projet, la fourbe sera fine,
S'il faut qu'elle succède ainsi que j'imagine.
Allons voir... Bon, voici mon homme justement.

SCÈNE VII

PANDOLFE, MASCARILLE.

PANDOLFE.

Mascarille.

MASCARILLE.

Monsieur.

PANDOLFE.

A parler franchement,
Je suis mal satisfait de mon fils.

MASCARILLE.

De mon maître?
Vous n'êtes pas le seul qui se plaigne de l'être :
Sa mauvaise conduite, insupportable en tout,
Met à chaque moment ma patience à bout.

PANDOLFE.

Je vous croirois pourtant assez d'intelligence
Ensemble.

MASCARILLE.

Moi, Monsieur? Perdez cette croyance :
Toujours de son devoir je tâche à l'avertir,
Et l'on nous voit sans cesse avoir maille à partir.
A l'heure même encor nous avons eu querelle
Sur l'hymen d'Hippolyte, où je le vois rebelle ;
Où, par l'indignité d'un refus criminel,
Je le vois offenser le respect paternel.

PANDOLFE.

Querelle?

MASCARILLE.

Oui, querelle, et bien avant poussée.

PANDOLFE.

Je me trompois donc bien : car j'avois la pensée
Qu'à tout ce qu'il faisoit tu donnois de l'appui.

MASCARILLE.

Moi? Voyez ce que c'est que du monde aujourd'hui,
Et comme l'innocence est toujours opprimée!
Si mon intégrité vous étoit confirmée,
Je suis auprès de lui gagé pour serviteur,
Vous me voudriez encor payer pour précepteur;
Oui, vous ne pourriez pas lui dire davantage
Que ce que je lui dis pour le faire être sage.
« Monsieur, au nom de Dieu, lui fais-je assez souvent,
Cessez de vous laisser conduire au premier vent,
Réglez-vous. Regardez l'honnête homme de père
Que vous avez du Ciel : comme on le considère!
Cessez de lui vouloir donner la mort au cœur,
Et, comme lui, vivez en personne d'honneur. »

PANDOLFE.

C'est parler comme il faut. Et que peut-il répondre?

MASCARILLE.

Répondre? des chansons, dont il me vient confondre.
Ce n'est pas qu'en effet, dans le fond de son cœur,
Il ne tienne de vous des semences d'honneur;
Mais sa raison n'est pas maintenant la maîtresse :
Si je pouvois parler avecque hardiesse,
Vous le verriez dans peu soumis sans nul effort.

PANDOLFE.

Parle.

MASCARILLE.

C'est un secret qui m'importeroit fort
S'il étoit découvert; mais à votre prudence
Je puis le confier avec toute assurance.

PANDOLFE.

Tu dis bien.

MASCARILLE.

Sachez donc que vos vœux sont trahis
Par l'amour qu'une esclave imprime à votre fils.

PANDOLFE.

On m'en avoit parlé ; mais l'action me touche
De voir que je l'apprenne encore par ta bouche.

MASCARILLE.

Vous voyez si je suis le secret confident...

PANDOLFE.

Vraiment je suis ravi de cela.

MASCARILLE.

Cependant
A son devoir sans bruit désirez-vous le rendre,
Il faut... J'ai toujours peur qu'on nous vienne surprendre.
Ce seroit fait de moi s'il savoit ce discours.
Il faut, dis-je, pour rompre à toute chose cours,
Acheter sourdement l'esclave idolâtrée,
Et la faire passer en une autre contrée.
Anselme a grand accès auprès de Trufaldin :
Qu'il aille l'acheter pour vous dès ce matin ;
Après, si vous voulez en mes mains la remettre,
Je connois des marchands, et puis bien vous promettre
D'en retirer l'argent qu'elle pourra coûter,
Et, malgré votre fils, de la faire écarter.
Car enfin, si l'on veut qu'à l'hymen il se range,
A cette amour naissante il faut donner le change,
Et de plus, quand bien même il seroit résolu,

Qu'il auroit pris le joug que vous avez voulu,
Cet autre objet, pouvant réveiller son caprice,
Au mariage encor peut porter préjudice.

PANDOLFE.

C'est très bien raisonné; ce conseil me plaît fort.
Je vois Anselme; va, je m'en vais faire effort
Pour avoir promptement cette esclave funeste,
Et la mettre en tes mains pour achever le reste.

MASCARILLE.

Bon; allons avertir mon maître de ceci :
Vive la fourberie, et les fourbes aussi !

SCÈNE VIII

HIPPOLYTE, MASCARILLE.

HIPPOLYTE.

Oui, traître, c'est ainsi que tu me rends service?
Je viens de tout entendre, et voir ton artifice :
A moins que de cela, l'eussé-je soupçonné?
Tu couches d'imposture, et tu m'en as donné.
Tu m'avois promis, lâche, et j'avois lieu d'attendre
Qu'on te verroit servir mes ardeurs pour Léandre;
Que du choix de Lélie, où l'on veut m'obliger,
Ton adresse et tes soins sauroient me dégager;
Que tu m'affranchirois du projet de mon père :
Et cependant ici tu fais tout le contraire;
Mais tu t'abuseras : je sais un sûr moyen

Pour rompre cet achat où tu pousses si bien,
Et je vais de ce pas...

MASCARILLE.

Ah! que vous êtes prompte!
La mouche tout d'un coup à la tête vous monte;
Et, sans considérer s'il a raison ou non,
Votre esprit contre moi fait le petit démon.
J'ai tort, et je devrois, sans finir mon ouvrage,
Vous faire dire vrai, puisqu'ainsi l'on m'outrage.

HIPPOLYTE.

Par quelle illusion penses-tu m'éblouir?
Traître, peux-tu nier ce que je viens d'ouïr?

MASCARILLE.

Non; mais il faut savoir que tout cet artifice
Ne va directement qu'à vous rendre service;
Que ce conseil adroit, qui semble être sans fard,
Jette dans le panneau l'un et l'autre vieillard;
Que mon soin par leurs mains ne veut avoir Célie
Qu'à dessein de la mettre au pouvoir de Lélie,
Et faire que, l'effet de cette invention
Dans le dernier excès portant sa passion,
Anselme, rebuté de son prétendu gendre,
Puisse tourner son choix du côté de Léandre.

HIPPOLYTE.

Quoi! tout ce grand projet qui m'a mise en courroux,
Tu l'as formé pour moi, Mascarille?

MASCARILLE.

Oui, pour vous;
Mais, puisqu'on reconnoît si mal mes bons offices,

Qu'il me faut de la sorte essuyer vos caprices,
Et que, pour récompense, on s'en vient de hauteur
Me traiter de faquin, de lâche, d'imposteur,
Je m'en vais réparer l'erreur que j'ai commise,
Et dès ce même pas rompre mon entreprise.

HIPPOLYTE, *l'arrêtant.*

Hé! ne me traite pas si rigoureusement,
Et pardonne aux transports d'un premier mouvement.

MASCARILLE.

Non, non, laissez-moi faire; il est en ma puissance
De détourner le coup qui si fort vous offense.
Vous ne vous plaindrez point de mes soins désormais:
Oui, vous aurez mon maître, et je vous le promets.

HIPPOLYTE.

Hé! mon pauvre garçon, que ta colère cesse:
J'ai mal jugé de toi, j'ai tort, je le confesse.
(*Tirant sa bourse.*)
Mais je veux réparer ma faute avec ceci.
Pourrois-tu te résoudre à me quitter ainsi?

MASCARILLE.

Non, je ne le saurois, quelque effort que je fasse.
Mais votre promptitude est de mauvaise grâce.
Apprenez qu'il n'est rien qui blesse un noble cœur
Comme quand il peut voir qu'on le touche en l'honneur.

HIPPOLYTE.

Il est vrai, je t'ai dit de trop grosses injures;
Mais que ces deux louis guérissent tes blessures.

MASCARILLE.

Hé! tout cela n'est rien; je suis tendre à ces coups;

Mais déjà je commence à perdre mon courroux :
Il faut de ses amis endurer quelque chose.

HIPPOLYTE.

Pourras-tu mettre à fin ce que je me propose,
Et crois-tu que l'effet de tes desseins hardis
Produise à mon amour le succès que tu dis?

MASCARILLE.

N'ayez point pour ce fait l'esprit sur des épines :
J'ai des ressorts tout prêts pour diverses machines ;
Et, quand ce stratagème à nos vœux manqueroit,
Ce qu'il ne feroit pas, un autre le feroit.

HIPPOLYTE.

Crois qu'Hippolyte au moins ne sera pas ingrate.

MASCARILLE.

L'espérance du gain n'est pas ce qui me flatte.

HIPPOLYTE.

Ton maître te fait signe, et veut parler à toi :
Je te quitte ; mais songe à bien agir pour moi.

SCÈNE IX

MASCARILLE, LÉLIE.

LÉLIE.

Que diable fais-tu là? Tu me promets merveille ;
Mais ta lenteur d'agir est pour moi sans pareille.
Sans que mon bon génie au-devant m'a poussé,
Déjà tout mon bonheur eût été renversé ;

C'étoit fait de mon bien, c'étoit fait de ma joie;
D'un regret éternel je devenois la proie.
Bref, si je ne me fusse en ce lieu rencontré,
Anselme avoit l'esclave, et j'en étois frustré.
Il l'emmenoit chez lui; mais j'ai paré l'atteinte,
J'ai détourné le coup, et tant fait que par crainte
Le pauvre Trufaldin l'a retenue.

MASCARILLE.

Et trois;
Quand nous serons à dix, nous ferons une croix.
C'étoit par mon adresse, ô cervelle incurable,
Qu'Anselme entreprenoit cet achat favorable;
Entre mes propres mains on la devoit livrer;
Et vos soins endiablés nous en viennent sevrer.
Et puis pour votre amour je m'emploierois encore?
J'aimerois mieux cent fois être grosse pécore,
Devenir cruche, chou, lanterne, loup-garou,
Et que monsieur Satan vous vînt tordre le cou.

LÉLIE, *seul.*

Il nous le faut mener en quelque hôtellerie,
Et faire sur les pots décharger sa furie.

ACTE II

SCÈNE PREMIÈRE

MASCARILLE, LÉLIE.

MASCARILLE.

A vos désirs enfin il a fallu se rendre.
Malgré tous mes serments, je n'ai pu m'en défendre,
Et pour vos intérêts, que je voulois laisser,
En de nouveaux périls viens de m'embarrasser.
Je suis ainsi facile, et, si de Mascarille
Madame la Nature avoit fait une fille,
Je vous laisse à penser ce que ç'auroit été.
Toutefois, n'allez pas, sur cette sûreté,
Donner de vos revers au projet que je tente,
Me faire une bévue et rompre mon attente :
Auprès d'Anselme encor nous vous excuserons
Pour en pouvoir tirer ce que nous désirons;
Mais, si dorénavant votre imprudence éclate,
Adieu vous dis mes soins pour l'objet qui vous flatte

LÉLIE.

Non, je serai prudent, te dis-je, ne crains rien;
Tu verras seulement...

MASCARILLE.

Souvenez-vous-en bien.
J'ai commencé pour vous un hardi stratagème :
Votre père fait voir une paresse extrême
A rendre par sa mort tous vos désirs contents :
Je viens de le tuer, de parole, j'entends;
Je fais courir le bruit que d'une apoplexie
Le bonhomme surpris a quitté cette vie;
Mais avant, pour pouvoir mieux feindre ce trépas,
J'ai fait que vers sa grange il a porté ses pas.
On est venu lui dire, et par mon artifice,
Que les ouvriers qui sont après son édifice,
Parmi les fondements qu'ils en jettent encor,
Avoient fait par hasard rencontre d'un trésor.
Il a volé d'abord; et, comme à la campagne
Tout son monde à présent, hors nous deux, l'accompagne,
Dans l'esprit d'un chacun je le tue aujourd'hui,
Et produis un fantôme enseveli pour lui.
Enfin je vous ai dit à quoi je vous engage;
Jouez bien votre rôle, et, pour mon personnage,
Si vous apercevez que j'y manque d'un mot,
Dites absolument que je ne suis qu'un sot.

LÉLIE, *seul.*

Son esprit, il est vrai, trouve une étrange voie
Pour adresser mes vœux au comble de leur joie;
Mais, quand d'un bel objet on est bien amoureux,

Que ne feroit-on pas pour devenir heureux?
Si l'amour est au crime une assez belle excuse,
Il en peut bien servir à la petite ruse
Que sa flamme aujourd'hui me force d'approuver
Par la douceur du bien qui m'en doit arriver.
Juste Ciel! qu'ils sont prompts! je les vois en parole;
Allons nous préparer à jouer notre rôle.

SCÈNE II

MASCARILLE, ANSELME.

MASCARILLE.

La nouvelle a sujet de vous surprendre fort.

ANSELME.

Être mort de la sorte!

MASCARILLE.

Il a, certes, grand tort.
Je lui sais mauvais gré d'une telle incartade.

ANSELME.

N'avoir pas seulement le temps d'être malade!

MASCARILLE.

Non, jamais homme n'eut si hâte de mourir.

ANSELME.

Et Lélie?

MASCARILLE.

Il se bat, et ne peut rien souffrir;

Il s'est fait en maints lieux contusion et bosse,
Et veut accompagner son papa dans la fosse;
Enfin, pour achever, l'excès de son transport
M'a fait en grande hâte ensevelir le mort,
De peur que cet objet, qui le rend hypocondre,
A faire un vilain coup ne me l'allât semondre.

ANSELME.

N'importe, tu devois attendre jusqu'au soir,
Outre qu'encore un coup j'aurois voulu le voir.
Qui tôt ensevelit bien souvent assassine,
Et tel est cru défunt qui n'en a que la mine.

MASCARILLE.

Je vous le garantis trépassé comme il faut.
Au reste, pour venir au discours de tantôt,
Lélie, et l'action lui sera salutaire,
D'un bel enterrement veut régaler son père,
Et consoler un peu ce défunt de son sort
Par le plaisir de voir faire honneur à sa mort.
Il hérite beaucoup; mais, comme en ses affaires
Il se trouve assez neuf et ne voit encor guères,
Que son bien la plupart n'est point en ces quartiers,
Ou que ce qu'il y tient consiste en des papiers,
Il voudroit vous prier, en suite de l'instance,
D'excuser de tantôt son trop de violence,
De lui prêter au moins pour ce dernier devoir...

ANSELME.

Tu me l'as déjà dit, et je m'en vais le voir.

MASCARILLE.

Jusques ici du moins tout va le mieux du monde;

Tâchons à ce progrès que le reste réponde,
Et, de peur de trouver dans le port un écueil,
Conduisons le vaisseau de la main et de l'œil.

SCÈNE III

LÉLIE, ANSELME, MASCARILLE.

ANSELME.

Sortons; je ne saurois qu'avec douleur très forte
Le voir empaqueté de cette étrange sorte.
Las! en si peu de temps! il vivoit ce matin!

MASCARILLE.

En peu de temps parfois on fait bien du chemin.

LÉLIE, *pleurant.*

Ah!

ANSELME.

Mais quoi! cher Lélie, enfin il étoit homme.
On n'a point pour la mort de dispense de Rome.

LÉLIE.

Ah!

ANSELME.

Sans leur dire gare elle abat les humains,
Et contre eux de tout temps a de mauvais desseins.

LÉLIE.

Ah!

ANSELME.

Ce fier animal, pour toutes les prières,

Ne perdroit pas un coup de ses dents meurtrières;
Tout le monde y passe.

LÉLIE.

Ah!

MASCARILLE.

Vous avez beau prêcher,
Ce deuil enraciné ne se peut arracher.

ANSELME.

Si malgré ces raisons votre ennui persévère,
Mon cher Lélie, au moins faites qu'il se modère.

LÉLIE.

Ah!

MASCARILLE.

Il n'en fera rien, je connois son humeur.

ANSELME.

Au reste, sur l'avis de votre serviteur,
J'apporte ici l'argent qui vous est nécessaire
Pour faire célébrer les obsèques d'un père...

LÉLIE.

Ah! ah!

MASCARILLE.

Comme à ce mot s'augmente sa douleur!
Il ne peut sans mourir songer à ce malheur.

ANSELME.

Je sais que vous verrez, aux papiers du bonhomme,
Que je suis débiteur d'une plus grande somme;
Mais, quand par ces raisons je ne vous devrois rien,
Vous pourriez librement disposer de mon bien.
Tenez, je suis tout vôtre, et le ferai paraître.

LÉLIE, *s'en allant.*

Ah !

MASCARILLE.

Le grand déplaisir que sent monsieur mon maître !

ANSELME.

Mascarille, je crois qu'il seroit à propos
Qu'il me fît de sa main un reçu de deux mots.

MASCARILLE.

Ah !

ANSELME.

Des événements l'incertitude est grande.

MASCARILLE.

Ah !

ANSELME.

Faisons-lui signer le mot que je demande.

MASCARILLE.

Las ! en l'état qu'il est, comment vous contenter ?
Donnez-lui le loisir de se désattrister ;
Et, quand ses déplaisirs prendront quelque allégeance,
J'aurai soin d'en tirer d'abord votre assurance.
Adieu ; je sens mon cœur qui se gonfle d'ennui,
Et m'en vais tout mon soûl pleurer avecque lui.
Ah !

ANSELME, *seul.*

Le monde est rempli de beaucoup de traverses.
Chaque homme tous les jours en ressent de diverses,
Et jamais ici-bas...

SCÈNE IV

PANDOLFE, ANSELME.

ANSELME.

Ah ! bon Dieu, je frémi !
Pandolfe qui revient ! Fût-il bien endormi !
Comme depuis sa mort sa face est amaigrie !
Las ! ne m'approchez pas de plus près, je vous prie !
J'ai trop de répugnance à coudoyer un mort.

PANDOLFE.

D'où peut donc provenir ce bizarre transport ?

ANSELME.

Dites-moi de bien loin quel sujet vous amène.
Si pour me dire adieu vous prenez tant de peine,
C'est trop de courtoisie, et, véritablement,
Je me serois passé de votre compliment.
Si votre âme est en peine et cherche des prières,
Las ! je vous en promets, et ne m'effrayez guères.
Foi d'homme épouvanté, je vais faire à l'instant
Prier tant Dieu pour vous que vous serez content.
Disparoissez donc, je vous prie,
Et que le Ciel, par sa bonté,
Comble de joie et de santé
Votre défunte seigneurie.

PANDOLFE, *riant*.

Malgré tout mon dépit, il m'y faut prendre part.

ANSELME.

Las ! pour un trépassé, vous êtes bien gaillard !

PANDOLFE.

Est-ce jeu, dites-nous, ou bien si c'est folie,
Qui traite de défunt une personne en vie ?

ANSELME.

Hélas ! vous êtes mort, et je viens de vous voir.

PANDOLFE.

Quoi ! j'aurois trépassé sans m'en apercevoir ?

ANSELME.

Sitôt que Mascarille en a dit la nouvelle,
J'en ai senti dans l'âme une douleur mortelle.

PANDOLFE.

Mais enfin dormez-vous ? êtes-vous éveillé ?
Me connoissez-vous pas ?

ANSELME.

Vous êtes habillé
D'un corps aérien qui contrefait le vôtre,
Mais qui, dans un moment, peut devenir tout autre.
Je crains fort de vous voir comme un géant grandir,
Et tout votre visage affreusement laidir.
Pour Dieu, ne prenez point de vilaine figure ;
J'ai prou de ma frayeur en cette conjoncture.

PANDOLFE.

En une autre saison, cette naïveté
Dont vous accompagnez votre crédulité,
Anselme, me seroit un charmant badinage,
Et j'en prolongerois le plaisir davantage ;
Mais, avec cette mort, un trésor supposé,

Dont parmi les chemins on m'a désabusé,
Fomente dans mon âme un soupçon légitime.
Mascarille est un fourbe, et fourbe fourbissime,
Sur qui ne peuvent rien la crainte et le remords,
Et qui pour ses desseins a d'étranges ressorts.

ANSELME.

M'auroit-on joué pièce et fait supercherie?
Ah! vraiment, ma raison, vous seriez fort jolie!
Touchons un peu pour voir : en effet, c'est bien lui.
Malepeste du sot que je suis aujourd'hui!
De grâce, n'allez pas divulguer un tel conte :
On en feroit jouer quelque farce à ma honte;
Mais, Pandolfe, aidez-moi vous-même à retirer
L'argent que j'ai donné pour vous faire enterrer.

PANDOLFE.

De l'argent, dites-vous? ah! c'est donc l'enclouure :
Voilà le nœud secret de toute l'aventure;
A votre dam. Pour moi, sans m'en mettre en souci,
Je vais faire informer de cette affaire ici
Contre ce Mascarille, et, si l'on peut le prendre,
Quoi qu'il puisse coûter, je veux le faire pendre.

ANSELME, *seul*.

Et moi, la bonne dupe, à trop croire un vaurien,
Il faut donc qu'aujourd'hui je perde et sens et bien?
Il me sied bien, ma foi, de porter tête grise,
Et d'être encor si prompt à faire une sottise,
D'examiner si peu sur un premier rapport...
Mais je vois...

SCÈNE V

LÉLIE, ANSELME.

LÉLIE.

Maintenant, avec ce passeport,
Je puis à Trufaldin rendre aisément visite.

ANSELME.

A ce que je puis voir, votre douleur vous quitte?

LÉLIE.

Que dites-vous? jamais elle ne quittera
Un cœur qui chèrement toujours la nourrira.

ANSELME.

Je reviens sur mes pas vous dire avec franchise
Que tantôt avec vous j'ai fait une méprise;
Que, parmi ces louis, quoiqu'ils semblent très beaux,
J'en ai sans y penser mêlé que je tiens faux,
Et j'apporte sur moi de quoi mettre en leur place :
De nos faux monnoyeurs l'insupportable audace
Pullule en cet État d'une telle façon
Qu'on ne reçoit plus rien qui soit hors de soupçon.
Mon Dieu, qu'on feroit bien de les faire tous pendre!

LÉLIE.

Vous me faites plaisir de les vouloir reprendre;
Mais je n'en ai point vu de faux, comme je croi.

ANSELME.

Je les connoîtrai bien; montrez, montrez-les-moi.

Est-ce tout?

LÉLIE.

Oui.

ANSELME.

Tant mieux. Enfin je vous raccroche,
Mon argent bien-aimé; rentrez dedans ma poche;
Et vous, mon brave escroc, vous ne tenez plus rien.
Vous tuez donc des gens qui se portent fort bien?
Et qu'auriez-vous donc fait sur moi, chétif beau-père?
Ma foi, je m'engendrois d'une belle manière,
Et j'allois prendre en vous un beau-fils fort discret!
Allez, allez mourir de honte et de regret.

LÉLIE, *seul.*

Il faut dire : « J'en tiens. » Quelle surprise extrême!
D'où peut-il avoir su sitôt le stratagème?

SCENE VI

MASCARILLE, LÉLIE.

MASCARILLE.

Quoi! vous étiez sorti? Je vous cherchois partout!
Hé bien! en sommes-nous enfin venus à bout?
Je le donne en six coups au fourbe le plus brave :
Çà, donnez-moi que j'aille acheter notre esclave;
Votre rival après sera bien étonné.

LÉLIE.

Ah ! mon pauvre garçon, la chance a bien tourné.
Pourrois-tu de mon sort deviner l'injustice ?

MASCARILLE.

Quoi ? que seroit-ce ?

LÉLIE.

Anselme, instruit de l'artifice,
M'a repris maintenant tout ce qu'il nous prêtoit,
Sous couleur de changer de l'or que l'on doutoit.

MASCARILLE.

Vous vous moquez peut-être ?

LÉLIE.

Il est trop véritable.

MASCARILLE.

Tout de bon ?

LÉLIE.

Tout de bon ; j'en suis inconsolable.
Tu te vas emporter d'un courroux sans égal.

MASCARILLE.

Moi, Monsieur ? quelque sot : la colère fait mal,
Et je veux me choyer, quoi qu'enfin il arrive.
Que Célie après tout soit ou libre ou captive,
Que Léandre l'achète ou qu'elle reste là,
Pour moi, je m'en soucie autant que de cela.

LÉLIE.

Ah ! n'aye point pour moi si grande indifférence,
Et sois plus indulgent à ce peu d'imprudence ;
Sans ce dernier malheur, ne m'avoueras-tu pas
Que j'avois fait merveille, et qu'en ce feint trépas

J'éludois un chacun d'un deuil si vraisemblable
Que les plus clairvoyants l'auroient cru véritable?

MASCARILLE.

Vous avez en effet sujet de vous louer.

LÉLIE.

Eh-bien, je suis coupable, et je veux l'avouer;
Mais, si jamais mon bien te fut considérable,
Répare ce malheur, et me sois secourable.

MASCARILLE.

Je vous baise les mains; je n'ai pas le loisir.

LÉLIE.

Mascarille, mon fils!

MASCARILLE.

Point.

LÉLIE.

Fais-moi ce plaisir.

MASCARILLE.

Non, je n'en ferai rien.

LÉLIE.

Si tu m'es inflexible,
Je m'en vais me tuer.

MASCARILLE.

Soit; il vous est loisible.

LÉLIE.

Je ne te puis fléchir?

MASCARILLE.

Non.

LÉLIE.

Vois-tu le fer prêt?

MASCARILLE.

Oui.

LÉLIE.

Je vais le pousser.

MASCARILLE.

Faites ce qu'il vous plaît.

LÉLIE.

Tu n'auras pas regret de m'arracher la vie?

MASCARILLE.

Non.

LÉLIE.

Adieu, Mascarille.

MASCARILLE.

Adieu, Monsieur Lélie.

LÉLIE.

Quoi!...

MASCARILLE.

Tuez-vous donc vite; ah! que de longs devis!

LÉLIE.

Tu voudrois bien, ma foi, pour avoir mes habits,
Que je fisse le sot, et que je me tuasse.

MASCARILLE.

Savois-je pas qu'enfin ce n'étoit que grimace,
Et, quoi que ces esprits jurent d'effectuer,
Qu'on n'est point aujourd'hui si prompt à se tuer?

SCÈNE VII

LÉANDRE, TRUFALDIN, LÉLIE, MASCARILLE.

LÉLIE.

Que vois-je? mon rival et Trufaldin ensemble!
Il achète Célie; ah! de frayeur je tremble.

MASCARILLE.

Il ne faut point douter qu'il fera ce qu'il peut,
Et, s'il a de l'argent, qu'il pourra ce qu'il veut.
Pour moi, j'en suis ravi : voilà la récompense
De vos brusques erreurs, de votre impatience.

LÉLIE.

Que dois-je faire? dis, veuille me conseiller.

MASCARILLE.

Je ne sais.

LÉLIE.

Laisse-moi, je vais le quereller.

MASCARILLE.

Qu'en arrivera-t-il?

LÉLIE.

Que veux-tu que je fasse
Pour empêcher ce coup?

MASCARILLE.

Allez, je vous fais grâce;
Je jette encore un œil pitoyable sur vous;

Laissez-moi l'observer; par des moyens plus doux
Je vais, comme je crois, savoir ce qu'il projette.

TRUFALDIN *sortant, à Léandre.*

Quand on viendra tantôt, c'est une affaire faite.

MASCARILLE, *s'éloignant.*

Il faut que je l'attrape, et que de ses desseins
Je sois le confident pour mieux les rendre vains.

LÉANDRE, *seul.*

Grâces au Ciel, voilà mon bonheur hors d'atteinte,
J'ai su me l'assurer, et je n'ai plus de crainte :
Quoi que désormais puisse entreprendre un rival,
Il n'est plus en pouvoir de me faire du mal.

MASCARILLE, *revenant.*

Ahi, ahi, à l'aide, au meurtre, au secours, on m'assomme!
Ah, ah, ah, ah, ah, ah, ô traître! ô bourreau d'homme!

LÉANDRE.

D'où procède cela? qu'est-ce? que te fait-on?

MASCARILLE.

On vient de me donner deux cents coups de bâton.

LÉANDRE.

Qui?

MASCARILLE.

Lélie.

LÉANDRE.

Et pourquoi?

MASCARILLE.

Pour une bagatelle,
Il me chasse et me bat d'une façon cruelle.

LÉANDRE.

Ah ! vraiment il a tort.

MASCARILLE.

Mais, ou je ne pourrai,
Ou je jure bien fort que je m'en vengerai.
Oui, je te ferai voir, batteur que Dieu confonde,
Que ce n'est pas pour rien qu'il faut rouer le monde,
Que je suis un valet, mais fort homme d'honneur,
Et qu'après m'avoir eu quatre ans pour serviteur,
Il ne me falloit pas payer en coups de gaules,
Et me faire un affront si sensible aux épaules.
Je te le dis encor, je saurai m'en venger :
Une esclave te plaît, tu voulois m'engager
A la mettre en tes mains, et je veux faire en sorte
Qu'un autre te l'enlève, ou le diable m'emporte.

LÉANDRE.

Écoute, Mascarille, et quitte ce transport;
Tu m'as plu de tout temps, et je souhaitois fort
Qu'un garçon comme toi, plein d'esprit et fidèle,
A mon service un jour pût attacher son zèle;
Enfin, si le parti te semble bon pour toi,
Si tu veux me servir, je t'arrête avec moi.

MASCARILLE.

Oui, Monsieur, d'autant mieux que le destin propice
M'offre à me bien venger en vous rendant service,
Et que, dans mes efforts pour vos contentements,
Je puis à mon brutal trouver des châtiments.
De Célie, en un mot, par mon adresse extrême...

LÉANDRE.

Mon amour s'est rendu cet office lui-même :
Enflammé d'un objet qui n'a point de défaut,
Je viens de l'acheter moins encor qu'il ne vaut.

MASCARILLE.

Quoi! Célie est à vous?

LÉANDRE.

Tu la verrois paraître,
Si de mes actions j'étois tout à fait maître;
Mais quoi! mon père l'est; comme il a volonté,
Ainsi que je l'apprends d'un paquet apporté,
De me déterminer à l'hymen d'Hippolyte,
J'empêche qu'un rapport de tout ceci l'irrite.
Donc avec Trufaldin, car je sors de chez lui,
J'ai voulu tout exprès agir au nom d'autrui;
Et, l'achat fait, ma bague est la marque choisie
Sur laquelle au premier il doit livrer Célie :
Je songe auparavant à chercher les moyens
D'ôter aux yeux de tous ce qui charme les miens,
A trouver promptement un endroit favorable
Où puisse être en secret cette captive aimable.

MASCARILLE.

Hors de la ville un peu, je puis avec raison
D'un vieux parent que j'ai vous offrir la maison;
Là, vous pourrez la mettre avec toute assurance,
Et de cette action nul n'aura connoissance.

LÉANDRE.

Oui, ma foi, tu me fais un plaisir souhaité.
Tiens donc, et va pour moi prendre cette beauté.

Dès que par Trufaldin ma bague sera vue,
Aussitôt en tes mains elle sera rendue;
Et dans cette maison tu me la conduiras
Quand... Mais chut! Hippolyte est ici sur nos pas.

SCÈNE VIII

HIPPOLYTE, LÉANDRE, MASCARILLE.

HIPPOLYTE.

Je dois vous annoncer, Léandre, une nouvelle;
Mais la treuverez-vous agréable ou cruelle?

LÉANDRE.

Pour en pouvoir juger, et répondre soudain,
Il faudroit la savoir.

HIPPOLYTE.

Donnez-moi donc la main
Jusqu'au temple; en marchant je pourrai vous l'apprendre.

LÉANDRE, *à Mascarille.*

Va, va-t'en me servir sans davantage attendre.

MASCARILLE, *seul.*

Oui, je te vais servir d'un plat de ma façon.
Fut-il jamais au monde un plus heureux garçon?
Oh! que dans un moment Lélie aura de joie!
Sa maîtresse en nos mains tomber par cette voie!
Recevoir tout son bien d'où l'on attend le mal,
Et devenir heureux par la main d'un rival!

Après ce rare exploit, je veux que l'on s'apprête
A me peindre en héros, un laurier sur la tête,
Et qu'au bas du portrait on mette en lettres d'or :
Vivat Mascarillus, fourbum Imperator!

SCÈNE IX

TRUFALDIN, MASCARILLE.

MASCARILLE.

Holà!

TRUFALDIN.

Que voulez-vous?

MASCARILLE.

Cette bague connue
Vous dira le sujet qui cause ma venue.

TRUFALDIN.

Oui, je reconnois bien la bague que voilà;
Je vais querir l'esclave; arrêtez un peu là.

SCÈNE X

LE COURRIER, TRUFALDIN, MASCARILLE.

LE COURRIER.

Seigneur, obligez-moi de m'enseigner un homme.

TRUFALDIN.

Et qui?

LE COURRIER.

Je crois que c'est Trufaldin qu'il se nomme.

TRUFALDIN.

Et que lui voulez-vous? vous le voyez ici.

LE COURRIER.

Lui rendre seulement la lettre que voici.

LETTRE

Le Ciel, dont la bonté prend souci de ma vie,
Vient de me faire ouïr par un bruit assez doux
Que ma fille, à quatre ans par des voleurs ravie,
Sous le nom de Célie est esclave chez vous.

Si vous sûtes jamais ce que c'est qu'être père,
Et vous trouvez sensible aux tendresses du sang,
Conservez-moi chez vous cette fille si chère,
Comme si de la vôtre elle tenoit le rang.

Pour l'aller retirer je pars d'ici moi-même,
Et vous vais de vos soins récompenser si bien
Que, par votre bonheur, que je veux rendre extrême,
Vous bénirez le jour où vous causez le mien.

DOM PEDRO DE GUSMAN,
Marquis de Montalcane.

De Madrid.

TRUFALDIN.

Quoiqu'à leur nation bien peu de foi soit due,
Ils me l'avoient bien dit, ceux qui me l'ont vendue,
Que je verrois dans peu quelqu'un la retirer,
Et que je n'aurois pas sujet d'en murmurer;
Et cependant j'allois, par mon impatience,

Perdre aujourd'hui les fruits d'une haute espérance.
(*Au courrier.*)
Un seul moment plus tard, tous vos pas étoient vains :
J'allois mettre en l'instant cette fille en ses mains ;
Mais suffit, j'en aurai tout le soin qu'on désire.
(*A Mascarille.*)
Vous-même, vous voyez ce que je viens de lire.
Vous direz à celui qui vous a fait venir
Que je ne lui saurois ma parole tenir,
Qu'il vienne retirer son argent.

MASCARILLE.

Mais l'outrage
Que vous lui faites...

TRUFALDIN.

Va, sans causer davantage.

MASCARILLE, *seul.*

Ah! le fâcheux paquet que nous venons d'avoir!
Le sort a bien donné la baye à mon espoir,
Et bien à la malheure est-il venu d'Espagne,
Ce courrier que la foudre ou la grêle accompagne!
Jamais certes, jamais plus beau commencement
N'eut en si peu de temps plus triste événement.

SCÈNE XI

LÉLIE, MASCARILLE.

MASCARILLE.

Quel beau transport de joie à présent vous inspire?

LÉLIE.

Laisse-m'en rire encore avant que te le dire.

MASCARILLE.

Çà, rions donc bien fort : nous en avons sujet!

LÉLIE.

Ah! je ne serai plus de tes plaintes l'objet.
Tu ne me diras plus, toi qui toujours me cries,
Que je gâte en brouillon toutes tes fourberies :
J'ai bien joué moi-même un tour des plus adroits.
Il est vrai, je suis prompt et m'emporte parfois;
Mais pourtant, quand je veux, j'ai l'imaginative
Aussi bonne, en effet, que personne qui vive;
Et toi-même avoueras que ce que j'ai fait part
D'une pointe d'esprit où peu de monde a part.

MASCARILLE.

Sachons donc ce qu'a fait cette imaginative.

LÉLIE.

Tantôt, l'esprit ému d'une frayeur bien vive
D'avoir vu Trufaldin avecque mon rival,
Je songeois à trouver un remède à ce mal,

Lorsque, me ramassant tout entier en moi-même,
J'ai conçu, digéré, produit un stratagème
Devant qui tous les tiens, dont tu fais tant de cas,
Doivent sans contredit mettre pavillon bas.

MASCARILLE.

Mais qu'est-ce?

LÉLIE.

Ah! s'il te plaît, donne-toi patience.
J'ai donc feint une lettre avecque diligence,
Comme d'un grand seigneur écrite à Trufaldin,
Qui mande qu'ayant su par un heureux destin
Qu'une esclave qu'il tient sous le nom de Célie
Est sa fille autrefois par des voleurs ravie,
Il veut la venir prendre, et le conjure au moins
De la garder toujours, de lui rendre des soins;
Qu'à ce sujet il part d'Espagne, et doit pour elle
Par de si grands présents reconnoître son zèle,
Qu'il n'aura point regret de causer son bonheur.

MASCARILLE.

Fort bien.

LÉLIE.

Écoute donc; voici bien le meilleur :
La lettre que je dis a donc été remise;
Mais sais-tu bien comment? en saison si bien prise
Que le porteur m'a dit que, sans ce trait falot,
Un homme l'emmenoit qui se trouvoit fort sot.

MASCARILLE.

Vous avez fait ce coup sans vous donner au diable?

LÉLIE.

Oui, d'un tour si subtil m'aurois-tu cru capable?
Loue au moins mon adresse et la dextérité
Dont je romps d'un rival le dessein concerté.

MASCARILLE.

A vous pouvoir louer selon votre mérite,
Je manque d'éloquence, et ma force est petite.
Oui, pour bien étaler cet effort relevé,
Ce bel exploit de guerre à nos yeux achevé,
Ce grand et rare effet d'une imaginative
Qui ne cède en vigueur à personne qui vive,
Ma langue est impuissante, et je voudrois avoir
Celle de tous les gens du plus exquis savoir
Pour vous dire en beaux vers, ou bien en docte prose,
Que vous serez toujours, quoi que l'on se propose,
Tout ce que vous avez été durant vos jours,
C'est-à-dire un esprit chaussé tout à rebours,
Une raison malade et toujours en débauche,
Un envers du bon sens, un jugement à gauche,
Un brouillon, une bête, un brusque, un étourdi,
Que sais-je? un cent fois plus encor que je ne di:
C'est faire en abrégé votre panégyrique.

LÉLIE.

Apprends-moi le sujet qui contre moi te pique;
Ai-je fait quelque chose? éclaircis-moi ce point.

MASCARILLE.

Non, vous n'avez rien fait; mais ne me suivez point.

LÉLIE.

Je te suivrai partout pour savoir ce mystère.

MASCARILLE.

Oui? Sus donc, préparez vos jambes à bien faire,
Car je vais vous fournir de quoi les exercer.

LÉLIE.

Il m'échappe! ô malheur qui ne se peut forcer!
Au discours qu'il m'a fait que saurois-je comprendre,
Et quel mauvais office aurois-je pu me rendre?

ACTE III

SCÈNE PREMIÈRE

MASCARILLE, *seul.*

Taisez-vous, ma bonté, cessez votre entretien,
Vous êtes une sotte, et je n'en ferai rien;
Oui, vous avez raison, mon courroux, je l'avoue :
Relier tant de fois ce qu'un brouillon dénoue,
C'est trop de patience, et je dois en sortir
Après de si beaux coups qu'il a su divertir.
Mais aussi raisonnons un peu sans violence :
Si je suis maintenant ma juste impatience,
On dira que je cède à la difficulté,
Que je me trouve à bout de ma subtilité;
Et que deviendra lors cette publique estime
Qui te vante partout pour un fourbe sublime,
Et que tu t'es acquise en tant d'occasions
A ne t'être jamais vu court d'inventions?
L'honneur, ô Mascarille, est une belle chose :

A tes nobles travaux ne fais aucune pause;
Et, quoi qu'un maître ait fait pour te faire enrager,
Achève pour ta gloire, et non pour l'obliger.
Mais quoi! que feras-tu que de l'eau toute claire,
Traversé sans repos par ce démon contraire?
Tu vois qu'à chaque instant il te fait déchanter,
Et que c'est battre l'eau de prétendre arrêter
Ce torrent effréné qui de tes artifices
Renverse en un moment les plus beaux édifices.
Eh bien, pour toute grâce, encore un coup du moins,
Au hasard du succès sacrifions des soins;
Et, s'il poursuit encore à rompre notre chance,
J'y consens, ôtons-lui toute notre assistance.
Cependant notre affaire encor n'iroit pas mal
Si par là nous pouvions perdre notre rival,
Et que Léandre enfin, lassé de sa poursuite,
Nous laissât jour entier pour ce que je médite.
Oui, je roule en ma tête un trait ingénieux
Dont je promettrois bien un succès glorieux
Si je puis n'avoir plus cet obstacle à combattre:
Bon, voyons si son feu se rend opiniâtre.

SCÈNE II

LÉANDRE, MASCARILLE.

MASCARILLE.

Monsieur, j'ai perdu temps; votre homme se dédit.

LÉANDRE.

De la chose lui-même il m'a fait un récit;
Mais c'est bien plus : j'ai su que tout ce beau mystère
D'un rapt d'Égyptiens, d'un grand seigneur pour père,
Qui doit partir d'Espagne et venir en ces lieux,
N'est qu'un pur stratagème, un trait facétieux,
Une histoire à plaisir, un conte dont Lélie
A voulu détourner notre achat de Célie.

MASCARILLE.

Voyez un peu la fourbe!

LÉANDRE.

Et pourtant Trufaldin
Est si bien imprimé de ce conte badin,
Mord si bien à l'appât de cette foible ruse,
Qu'il ne veut point souffrir que l'on le désabuse.

MASCARILLE.

C'est pourquoi désormais il la gardera bien,
Et je ne vois pas lieu d'y prétendre plus rien.

LÉANDRE.

Si d'abord à mes yeux elle parut aimable,
Je viens de la treuver tout à fait adorable,
Et je suis en suspens si, pour me l'acquérir,
Aux extrêmes moyens je ne dois point courir,
Par le don de ma foi rompre sa destinée,
Et changer ses liens en ceux de l'hyménée.

MASCARILLE.

Vous pourriez l'épouser?

LÉANDRE.

Je ne sais; mais enfin,

Si quelque obscurité se trouve en son destin,
Sa grâce et sa vertu sont de douces amorces
Qui, pour tirer les cœurs, ont d'incroyables forces.

MASCARILLE.

Sa vertu, dites-vous?

LÉANDRE.

Quoi? que murmures-tu?
Achève, explique-toi sur ce mot de vertu.

MASCARILLE.

Monsieur, votre visage en un moment s'altère,
Et je ferai bien mieux peut-être de me taire.

LÉANDRE.

Non, non, parle.

MASCARILLE.

Hé bien donc, très charitablement,
Je vous veux retirer de votre aveuglement.
Cette fille...

LÉANDRE.

Poursuis.

MASCARILLE.

N'est rien moins qu'inhumaine;
Dans le particulier elle oblige sans peine,
Et son cœur, croyez-moi, n'est point roche, après tout,
A quiconque la sait prendre par le bon bout;
Elle fait la sucrée, et veut passer pour prude;
Mais je puis en parler avecque certitude :
Vous savez que je suis quelque peu d'un métier
A me devoir connoître en un pareil gibier.

LÉANDRE.

Célie?...

MASCARILLE.

Oui : sa pudeur n'est que franche grimace,
Qu'une ombre de vertu qui garde mal la place,
Et qui s'évanouit, comme l'on peut savoir,
Aux rayons du soleil qu'une bourse fait voir.

LÉANDRE.

Las! que dis-tu? croirai-je un discours de la sorte?

MASCARILLE.

Monsieur, les volontés sont libres; que m'importe?
Non, ne me croyez pas, suivez votre dessein,
Prenez cette matoise et lui donnez la main :
Toute la ville en corps reconnoîtra ce zèle,
Et vous épouserez le bien public en elle.

LÉANDRE.

Quelle surprise étrange!

MASCARILLE, *à part.*

Il a pris l'hameçon;
Courage! s'il s'y peut enferrer tout de bon,
Nous nous ôtons du pied une fameuse épine.

LÉANDRE.

Oui, d'un coup étonnant ce discours m'assassine.

MASCARILLE.

Quoi! vous pourriez?...

LÉANDRE.

Va-t'en jusqu'à la poste, et voi
Je ne sais quel paquet qui doit venir pour moi.

(*Seul.*)
Qui ne s'y fût trompé? Jamais l'air d'un visage,
Si ce qu'il dit est vrai, n'imposa davantage.

SCÈNE III

LÉLIE, LÉANDRE.

LÉLIE.

Du chagrin qui vous tient quel peut être l'objet?

LÉANDRE.

Moi?

LÉLIE.

Vous-même.

LÉANDRE.

Pourtant je n'en ai point sujet.

LÉLIE.

Je vois bien ce que c'est; Célie en est la cause.

LÉANDRE.

Mon esprit ne court pas après si peu de chose.

LÉLIE.

Pour elle vous aviez pourtant de grands desseins;
Mais il faut dire ainsi, lorsqu'ils se trouvent vains.

LÉANDRE.

Si j'étois assez sot pour chérir ses caresses,
Je me moquerois bien de toutes vos finesses.

LÉLIE.

Quelles finesses donc?

LÉANDRE.

Mon Dieu, nous savons tout.

LÉLIE.

Quoi ?

LÉANDRE.

Votre procédé de l'un à l'autre bout.

LÉLIE.

C'est de l'hébreu pour moi, je n'y puis rien comprendre.

LÉANDRE.

Feignez, si vous voulez, de ne me pas entendre ;
Mais, croyez-moi, cessez de craindre pour un bien
Où je serois fâché de vous disputer rien :
J'aime fort la beauté qui n'est point profanée,
Et ne veux point brûler pour une abandonnée.

LÉLIE.

Tout beau, tout beau, Léandre.

LÉANDRE.

Ah ! que vous êtes bon !
Allez, vous dis-je encor, servez-la sans soupçon,
Vous pourrez vous nommer homme à bonnes fortunes :
Il est vrai, sa beauté n'est pas des plus communes ;
Mais en revanche aussi le reste est fort commun.

LÉLIE.

Léandre, arrêtons là ce discours importun.
Contre moi tant d'efforts qu'il vous plaira pour elle ;
Mais surtout retenez cette atteinte mortelle ;
Sachez que je m'impute à trop de lâcheté
D'entendre mal parler de ma divinité,
Et que j'aurai toujours bien moins de répugnance

A souffrir votre amour qu'un discours qui l'offense.

LÉANDRE.

Ce que j'avance ici me vient de bonne part.

LÉLIE.

Quiconque vous l'a dit est un lâche, un pendard;
On ne peut imposer de tache à cette fille:
Je connois bien son cœur.

LÉANDRE.

Mais enfin Mascarille
D'un semblable procès est juge compétent;
C'est lui qui la condamne.

LÉLIE.

Oui?

LÉANDRE.

Lui-même.

LÉLIE.

Il prétend
D'une fille d'honneur insolemment médire,
Et que peut-être encor je n'en ferai que rire!
Gage qu'il se dédit.

LÉANDRE.

Et moi, gage que non.

LÉLIE.

Parbleu, je le ferois mourir sous le bâton
S'il m'avoit soutenu des faussetés pareilles.

LÉANDRE.

Moi, je lui couperois sur-le-champ les oreilles
S'il n'étoit pas garant de tout ce qu'il m'a dit.

SCÈNE IV

LÉLIE, LÉANDRE, MASCARILLE.

LÉLIE.

Ah! bon, bon, le voilà; venez çà, chien maudit.

MASCARILLE.

Quoi?

LÉLIE.

Langue de serpent fertile en impostures,
Vous osez sur Célie attacher vos morsures,
Et lui calomnier la plus rare vertu
Qui puisse faire éclat sous un sort abattu!

MASCARILLE, *bas, à Lélie.*

Doucement : ce discours est de mon industrie.

LÉLIE.

Non, non, point de clin d'œil et point de raillerie :
Je suis aveugle à tout, sourd à quoi que ce soit;
Fût-ce mon propre frère, il me la payeroit;
Et sur ce que j'adore oser porter le blâme,
C'est me faire une plaie au plus tendre de l'âme;
Tous ces signes sont vains : quels discours as-tu faits?

MASCARILLE.

Mon Dieu, ne cherchons point querelle, ou je m'en vais.

LÉLIE.

Tu n'échapperas pas.

MASCARILLE.

Ahi !

LÉLIE.

Parle donc, confesse.

MASCARILLE, *bas, à Lélie.*

Laissez-moi ; je vous dis que c'est un tour d'adresse.

LÉLIE.

Dépêche, qu'as-tu dit? vide entre nous ce point.

MASCARILLE, *bas, à Lélie.*

J'ai dit ce que j'ai dit, ne vous emportez point.

LÉLIE.

Ah ! je vous ferai bien parler d'une autre sorte.

LÉANDRE.

Halte un peu, retenez l'ardeur qui vous emporte.

MASCARILLE, *à part.*

Fut-il jamais au monde un esprit moins sensé !

LÉLIE.

Laissez-moi contenter mon courage offensé.

LÉANDRE.

C'est trop que de vouloir le battre en ma présence.

LÉLIE.

Quoi ! châtier mes gens n'est pas en ma puissance?

LÉANDRE.

Comment, vos gens ?

MASCARILLE, *à part.*

Encore ! il va tout découvrir.

LÉLIE.

Quand j'aurois volonté de le battre à mourir,
Hé bien ! c'est mon valet.

LÉANDRE.

C'est maintenant le nôtre.

LÉLIE.

Le trait est admirable! et comment donc le vôtre?
Sans doute...

MASCARILLE, *bas.*

Doucement.

LÉLIE.

Hem, que veux-tu conter?

MASCARILLE, *bas.*

Ah! le double bourreau qui me va tout gâter,
Et qui ne comprend rien, quelque signe qu'on donne.

LÉLIE.

Vous rêvez bien, Léandre, et me la baillez bonne.
Il n'est pas mon valet?

LÉANDRE.

Pour quelque mal commis,
Hors de votre service il n'a pas été mis?

LÉLIE.

Je ne sais ce que c'est.

LÉANDRE.

Et, plein de violence,
Vous n'avez pas chargé son dos avec outrance?

LÉLIE.

Point du tout. Moi, l'avoir chassé, roué de coups?
Vous vous moquez de moi, Léandre, ou lui de vous.

MASCARILLE, *à part.*

Pousse, pousse, bourreau, tu fais bien tes affaires.

LÉANDRE, *à Mascarille.*

Donc les coups de bâton ne sont qu'imaginaires?

MASCARILLE.

Il ne sait ce qu'il dit; sa mémoire...

LÉANDRE.

Non, non,
Tous ces signes pour toi ne disent rien de bon :
Oui, d'un tour délicat mon esprit te soupçonne;
Mais, pour l'invention, va, je te le pardonne;
C'est bien assez pour moi qu'il m'a désabusé,
De voir par quels motifs tu m'avois imposé,
Et que, m'étant commis à ton zèle hypocrite,
A si bon compte encor je m'en sois trouvé quitte :
Ceci doit s'appeler un avis au lecteur.
Adieu, Lélie, adieu, très humble serviteur.

MASCARILLE.

Courage, mon garçon! tout heur nous accompagne;
Mettons flamberge au vent et bravoure en campagne,
Faisons l'*Olibrius*, l'*occiseur d'innocents.*

LÉLIE.

Il t'avoit accusé de discours médisants
Contre...

MASCARILLE.

Et vous ne pouviez souffrir mon artifice,
Lui laisser son erreur, qui vous rendoit service
Et par qui son amour s'en étoit presque allé?
Non, il a l'esprit franc et point dissimulé.
Enfin chez son rival je m'ancre avec adresse,
Cette fourbe en mes mains va mettre sa maîtresse :

Il me la fait manquer avec de faux rapports.
Je veux de son rival alentir les transports :
Mon brave incontinent vient qui le désabuse ;
J'ai beau lui faire signe et montrer que c'est ruse :
Point d'affaire, il poursuit sa pointe jusqu'au bout,
Et n'est point satisfait qu'il n'ait découvert tout.
Grand et sublime effort d'une imaginative
Qui ne le cède point à personne qui vive !
C'est une rare pièce, et digne, sur ma foi,
Qu'on en fasse présent au cabinet d'un roi !

LÉLIE.

Je ne m'étonne pas si je romps tes attentes :
A moins d'être informé des choses que tu tentes,
J'en ferois encor cent de la sorte.

MASCARILLE.

Tant pis.

LÉLIE.

Au moins, pour t'emporter à de justes dépits,
Fais-moi dans tes desseins entrer de quelque chose ;
Mais que de leurs ressorts la porte me soit close,
C'est ce qui fait toujours que je suis pris sans vert.

MASCARILLE.

Je crois que vous seriez un maître d'arme expert :
Vous savez à merveille, en toutes aventures,
Prendre les contretemps et rompre les mesures.

LÉLIE.

Puisque la chose est faite, il n'y faut plus penser.
Mon rival, en tout cas, ne peut me traverser,
Et, pourvu que tes soins, en qui je me repose...

MASCARILLE.

Laissons là ce discours et parlons d'autre hose.
Je ne m'apaise pas, non, si facilement;
Je suis trop en colère. Il faut premièremer
Me rendre un bon office, et nous verrons:nsuite
Si je dois de vos feux reprendre la conduii.

LÉLIE.

S'il ne tient qu'à cela, je n'y résiste pas;
As-tu besoin, dis-moi, de mon sang, de res bras?

MASCARILLE.

De quelle vision sa cervelle est frappée!
Vous êtes de l'humeur de ces amis d'épée
Que l'on trouve toujours plus prompts à égainer
Qu'à tirer un teston s'il falloit le donner.

LÉLIE.

Que puis-je donc pour toi?

MASCARILLE.

C'est que de otre père
Il faut absolument apaiser la colère.

LÉLIE.

Nous avons fait la paix.

MASCARILLE.

Oui, mais non pas)our nous:
Je l'ai fait ce matin mort pour l'amour de ous;
La vision le choque, et de pareilles feintes
Aux vieillards comme lui sont de dures attintes
Qui sur l'état prochain de leur condition
Leur font faire à regret triste réflexion.
Le bonhomme, tout vieux, chérit fort la lnière,

Et ne veut point de jeu dessus cette matière ;
Il craint le pronostic, et, contre moi fâché,
On m'a dit qu'en justice il m'avoit recherché ;
J'ai peur, si le logis du Roi fait ma demeure,
De m'y trouver si bien, dès le premier quart d'heure,
Que j'aye peine aussi d'en sortir par après :
Contre moi dès longtemps on a force décrets ;
Car enfin la vertu n'est jamais sans envie,
Et, dans ce maudit siècle, est toujours poursuivie.
Allez donc le fléchir.

LÉLIE.

Oui, nous le fléchirons ;
Mais aussi tu promets...

MASCARILLE.

Ah ! mon Dieu, nous verrons.

(*Seul.*)

Ma foi, prenons haleine après tant de fatigues ;
Cessons pour quelque temps le cours de nos intrigues,
Et de nous tourmenter de même qu'un lutin :
Léandre, pour nous nuire, est hors de garde enfin,
Et Célie, arrêtée avecque l'artifice...

SCÈNE V

ERGASTE, MASCARILLE.

ERGASTE.

Je te cherchois partout pour te rendre un service,

Pour te donner avis d'un secret important.

MASCARILLE.

Quoi donc?

ERGASTE.

N'avons-nous point ici quelque écoutant?

MASCARILLE.

Non.

ERGASTE.

Nous sommes amis autant qu'on le peut être ;
Je sais bien tes desseins et l'amour de ton maître ;
Songez à vous tantôt : Léandre fait parti
Pour enlever Célie, et j'en suis averti,
Qu'il a mis ordre à tout, et qu'il se persuade
D'entrer chez Trufaldin par une mascarade,
Ayant su qu'en ce temps, assez souvent le soir,
Des femmes du quartier en masque l'alloient voir.

MASCARILLE.

Oui? Suffit; il n'est pas au comble de sa joie ;
Je pourrai bien tantôt lui souffler cette proie,
Et contre cet assaut je sais un coup fourré
Par qui je veux qu'il soit de lui-même enferré :
Il ne sait pas les dons dont mon âme est pourvue.
Adieu, nous boirons pinte à la première vue.
(*Seul.*)
Il faut, il faut tirer à nous ce que d'heureux
Pourroit avoir en soi ce projet amoureux,
Et, par une surprise adroite et non commune,
Sans courir le danger, en tenter la fortune.
Si je vais me masquer pour devancer ses pas,

Léandre assurément ne nous bravera pas ;
Et là, premier que lui si nous faisons la prise,
Il aura fait pour nous les frais de l'entreprise,
Puisque, par son dessein déjà presque éventé,
Le soupçon tombera toujours de son côté,
Et que nous, à couvert de toutes ses poursuites,
De ce coup hasardeux ne craindrons point les suites :
C'est ne se point commettre à faire de l'éclat,
Et tirer les marrons de la patte du chat.
Allons donc nous masquer avec quelques bons frères ;
Pour prévenir nos gens il ne faut tarder guères.
Je sais où gît le lièvre, et me puis sans travail
Fournir en un moment d'hommes et d'attirail ;
Croyez que je mets bien mon adresse en usage.
Si j'ai reçu du Ciel les fourbes en partage,
Je ne suis point au rang de ces esprits mal nés
Qui cachent les talents que Dieu leur a donnés.

SCÈNE VI

LÉLIE, ERGASTE.

LÉLIE.

Il prétend l'enlever avec sa mascarade ?

ERGASTE.

Il n'est rien plus certain ; quelqu'un de sa brigade
M'ayant de ce dessein instruit, sans m'arrêter,
A Mascarille lors j'ai couru tout conter,

Qui s'en va, m'a-t-il dit, rompre cette partie
Par une invention dessus le champ bâtie;
Et, comme je vous ai rencontré par hasard,
J'ai cru que je devois de tout vous faire part.

LÉLIE.

Tu m'obliges par trop avec cette nouvelle;
Va, je reconnoîtrai ce service fidèle.
(*Seul.*)
Mon drôle assurément leur jouera quelque trait;
Mais je veux de ma part seconder son projet;
Il ne sera pas dit qu'en un fait qui me touche,
Je ne me sois non plus remué qu'une souche :
Voici l'heure, ils seront surpris à mon aspect.
Foin! que n'ai-je avec moi pris mon porte-respect!
Mais vienne qui voudra contre notre personne,
J'ai deux bons pistolets, et mon épée est bonne.
Holà! quelqu'un : un mot.

SCÈNE VII

LÉLIE, TRUFALDIN *à sa fenêtre.*

TRUFALDIN.

Qu'est-ce? qui me vient voir?

LÉLIE.

Fermez soigneusement votre porte ce soir.

TRUFALDIN.

Pourquoi?

LÉLIE.

Certaines gens font une mascarade
Pour vous venir donner une fâcheuse aubade :
Ils veulent enlever votre Célie.

TRUFALDIN.

O Dieux !

LÉLIE.

Et sans doute bientôt ils viennent en ces lieux :
Demeurez, vous pourrez voir tout de la fenêtre.
Hé bien ! qu'avois-je dit ? les voyez-vous paraître ?
Chut ! je veux à vos yeux leur en faire l'affront :
Nous allons voir beau jeu si la corde ne rompt.

SCÈNE VIII

LÉLIE, TRUFALDIN, MASCARILLE *masqué*.

TRUFALDIN.

O les plaisants robins qui pensent me surprendre !

LÉLIE.

Masques, où courez-vous ? le pourroit-on apprendre ?
Trufaldin, ouvrez-leur pour jouer un momon ;
Bon Dieu ! qu'elle est jolie, et qu'elle a l'air mignon !
Hé quoi ! vous murmurez ? Mais, sans vous faire outrage,
Peut-on lever le masque et voir votre visage ?

TRUFALDIN.

Allez, fourbes, méchants, retirez-vous d'ici,

Canaille; et vous, Seigneur, bonsoir, et grand merci.

LÉLIE, *après avoir démasqué Mascarille.*

Mascarille! est-ce toi?

MASCARILLE.

Nenni da, c'est quelque autre.

LÉLIE.

Hélas! quelle surprise, et quel sort est le nôtre!
L'aurois-je deviné, n'étant point averti
Des secrètes raisons qui t'avoient travesti?
Malheureux que je suis d'avoir, dessous ce masque,
Été sans y penser te faire cette frasque!
Il me prendroit envie, en ce juste courroux,
De me battre moi-même et me donner cent coups.

MASCARILLE.

Adieu, sublime esprit, rare imaginative.

LÉLIE.

Las! si de ton secours ta colère me prive,
A quel saint me vouerai-je?

MASCARILLE.

Au grand diable d'enfer.

LÉLIE.

Ah! si ton cœur pour moi n'est de bronze ou de fer,
Qu'encore un coup, du moins, mon imprudence ait grâce;
S'il faut pour l'obtenir que tes genoux j'embrasse,
Vois-moi...

MASCARILLE.

Tarare! allons, camarades, allons.
J'entends venir des gens qui sont sur nos talons.

SCÈNE IX

LÉANDRE *masqué*, ET SA SUITE; TRUFALDIN.

LÉANDRE.

Sans bruit ; ne faisons rien que de la bonne sorte.

TRUFALDIN.

Quoi ! masques toute nuit assiégeront ma porte ?
Messieurs, ne gagnez point de rhumes à plaisir :
Tout cerveau qui le fait est certes de loisir.
Il est un peu trop tard pour enlever Célie ;
Dispensez-l'en ce soir, elle vous en supplie :
La belle est dans le lit, et ne peut vous parler ;
J'en suis fâché pour vous ; mais, pour vous régaler
Du souci qui pour elle ici vous inquiette,
Elle vous fait présent de cette cassolette.

LÉANDRE.

Fi ! cela sent mauvais, et je suis tout gâté :
Nous sommes découverts ; tirons de ce côté.

ACTE IV

SCÈNE PREMIÈRE

LÉLIE *déguisé en Arménien,* MASCARILLE.

MASCARILLE.

Vous voilà fagoté d'une plaisante sorte.

LÉLIE.

Tu ranimes par là mon espérance morte.

MASCARILLE.

Toujours de ma colère on me voit revenir ;
J'ai beau jurer, pester, je ne m'en puis tenir.

LÉLIE.

Aussi crois, si jamais je suis dans la puissance,
Que tu seras content de ma reconnoissance,
Et que, quand je n'aurois qu'un seul morceau de pain...

MASCARILLE.

Baste, songez à vous dans ce nouveau dessein ;
Au moins, si l'on vous voit commettre une sottise,

Vous n'imputerez plus l'erreur à la surprise :
Votre rôle en ce jeu par cœur doit être su.

LÉLIE.

Mais comment Trufaldin chez lui t'a-t-il reçu?

MASCARILLE.

D'un zèle simulé j'ai bridé le bon sire :
Avec empressement je suis venu lui dire,
S'il ne songeoit à lui, que l'on le surprendroit,
Que l'on couchoit en joue, et de plus d'un endroit,
Celle dont il a vu qu'une lettre en avance
Avoit si faussement divulgué la naissance;
Qu'on avoit bien voulu m'y mêler quelque peu;
Mais que j'avois tiré mon épingle du jeu,
Et que, touché d'ardeur pour ce qui le regarde,
Je venois l'avertir de se donner de garde.
De là, moralisant, j'ai fait de grands discours
Sur les fourbes qu'on voit ici-bas tous les jours;
Que, pour moi, las du monde et de sa vie infâme,
Je voulois travailler au salut de mon âme,
A m'éloigner du trouble, et pouvoir longuement
Près de quelque honnête homme être paisiblement;
Que, s'il le trouvoit bon, je n'aurois d'autre envie
Que de passer chez lui le reste de ma vie;
Et que même à tel point il m'avoit su ravir
Que, sans lui demander gages pour le servir,
Je mettrois en ses mains, que je tenois certaines,
Quelque bien de mon père et le fruit de mes peines,
Dont, advenant que Dieu de ce monde m'ôtât,
J'entendois tout de bon que lui seul héritât.

C'étoit le vrai moyen d'acquérir sa tendresse ;
Et comme, pour résoudre avec votre maîtresse
Des biais qu'on doit prendre à terminer vos vœux,
Je voulois en secret vous aboucher tous deux,
Lui-même a su m'ouvrir une voie assez belle
De pouvoir hautement vous loger avec elle,
Venant m'entretenir d'un fils privé du jour
Dont cette nuit en songe il a vu le retour.
A ce propos, voici l'histoire qu'il m'a dite,
Et sur qui j'ai tantôt notre fourbe construite.

LÉLIE.

C'est assez, je sais tout : tu me l'as dit deux fois.

MASCARILLE.

Oui, oui ; mais, quand j'aurois passé jusques à trois,
Peut-être encor qu'avec toute sa suffisance
Votre esprit manquera dans quelque circonstance.

LÉLIE.

Mais à tant différer je me fais de l'effort.

MASCARILLE.

Ah ! de peur de tomber, ne courons pas si fort.
Voyez-vous, vous avez la caboche un peu dure ;
Rendez-vous affermi dessus cette aventure :
Autrefois Trufaldin de Naples est sorti,
Et s'appeloit alors *Zanobio Ruberti* ;
Un parti qui causa quelque émeute civile
Dont il fut seulement soupçonné dans sa ville
(De fait, il n'est pas homme à troubler un État)
L'obligea d'en sortir, une nuit, sans éclat.
Une fille fort jeune et sa femme, laissées,

A quelque temps de là se trouvant trépassées,
Il en eut la nouvelle, et, dans ce grand ennui,
Voulant dans quelque ville emmener avec lui,
Outre ses biens, l'espoir qui restoit de sa race,
Un sien fils, écolier, qui se nommoit Horace,
Il écrit à Bologne, où, pour mieux être instruit,
Un certain maître Albert jeune l'avoit conduit ;
Mais pour se joindre tous le rendez-vous qu'il donne
Durant deux ans entiers ne lui fit voir personne :
Si bien que, les jugeant morts après ce temps-là,
Il vint en cette ville et prit le nom qu'il a,
Sans que de cet Albert ni de ce fils Horace
Douze ans aient découvert jamais la moindre trace.
Voilà l'histoire en gros redite seulement
Afin de vous servir ici de fondement.
Maintenant, vous serez un marchand d'Arménie,
Qui les aurez vus sains l'un et l'autre en Turquie.
Si j'ai plutôt qu'aucun un tel moyen trouvé
Pour les ressusciter sur ce qu'il a rêvé,
C'est qu'en fait d'aventure il est très ordinaire
De voir gens pris sur mer par quelque Turc corsaire,
Puis être à leur famille à point nommé rendus
Après quinze ou vingt ans qu'on les a crus perdus.
Pour moi, j'ai vu déjà cent contes de la sorte.
Sans nous alambiquer, servons-nous-en, qu'importe?
Vous leur aurez ouï leur disgrâce conter,
Et leur aurez fourni de quoi se racheter ;
Mais que, parti plus tôt pour chose nécessaire,
Horace vous chargea de voir ici son père,

Dont il a su le sort, et chez qui vous devez
Attendre quelques jours qu'ils seroient arrivez :
Je vous ai fait tantôt des leçons étendues.

LÉLIE.

Ces répétitions ne sont que superflues :
Dès l'abord mon esprit a compris tout le fait.

MASCARILLE.

Je m'en vais là-dedans donner le premier trait.

LÉLIE.

Écoute, Mascarille ; un seul point me chagrine :
S'il alloit de son fils me demander la mine ?

MASCARILLE.

Belle difficulté ! devez-vous pas savoir
Qu'il étoit fort petit alors qu'il l'a pu voir ?
Et puis, outre cela, le temps et l'esclavage
Pourroient-ils pas avoir changé tout son visage ?

LÉLIE.

Il est vrai ; mais dis-moi, s'il connoît qu'il m'a vu,
Que faire ?

MASCARILLE.

De mémoire êtes-vous dépourvu ?
Nous avons dit tantôt qu'outre que votre image
N'avoit dans son esprit pu faire qu'un passage,
Pour ne vous avoir vu que durant un moment,
Et le poil et l'habit déguisoient grandement.

LÉLIE.

Fort bien ; mais, à propos, cet endroit de Turquie ?...

MASCARILLE.

Tout, vous dis-je, est égal : Turquie ou Barbarie.

LÉLIE.

Mais le nom de la ville où j'aurai pu les voir?

MASCARILLE.

Tunis. Il me tiendra, je crois, jusques au soir :
La répétition, dit-il, est inutile,
Et j'ai déjà nommé douze fois cette ville.

LÉLIE.

Va, va-t'en commencer ; il ne me faut plus rien.

MASCARILLE.

Au moins, soyez prudent, et vous conduisez bien ;
Ne donnez point ici de l'imaginative.

LÉLIE.

Laisse-moi gouverner ; que ton âme est craintive !

MASCARILLE.

Horace dans Bologne écolier, Trufaldin
Zanobio Ruberti, dans Naples citadin ;
Le précepteur Albert...

LÉLIE.

Ah ! c'est me faire honte
Que de me tant prêcher ; suis-je un sot, à ton conte ?

MASCARILLE.

Non pas du tout, mais bien quelque chose approchant.

LÉLIE, *seul.*

Quand il m'est inutile, il fait le chien couchant ;
Mais, parce qu'il sent bien le secours qu'il me donne,
Sa familiarité jusque-là s'abandonne.
Je vais être de près éclairé des beaux yeux
Dont la force m'impose un joug si précieux ;
Je m'en vais sans obstacle, avec des traits de flamme,

Peindre à cette beauté les tourmens de mon âme ;
Je saurai quel arrêt je dois... Mais les voici.

SCÈNE II

TRUFALDIN, LÉLIE, MASCARILLE.

TRUFALDIN.
Sois béni, juste Ciel, de mon sort adouci !

MASCARILLE.
C'est à vous de rêver et de faire des songes,
Puisqu'en vous il est faux que songes sont mensonges.

TRUFALDIN, *à Lélie.*
Quelle grâce, quels biens vous rendrai-je, Seigneur,
Vous que je dois nommer l'ange de mon bonheur ?

LÉLIE.
Ce sont soins superflus, et je vous en dispense.

TRUFALDIN, *à Mascarille.*
J'ai, je ne sais pas où, vu quelque ressemblance
De cet Arménien.

MASCARILLE.
C'est ce que je disois ;
Mais on voit des rapports admirables parfois.

TRUFALDIN.
Vous avez vu ce fils où mon espoir se fonde ?

LÉLIE.
Oui, Seigneur Trufaldin, le plus gaillard du monde.

TRUFALDIN.

Il vous a dit sa vie, et parlé fort de moi ?

LÉLIE.

Plus de dix mille fois.

MASCARILLE.

Quelque peu moins, je croi.

LÉLIE.

Il vous a dépeint tel que je vous vois paraître,
Le visage, le port...

TRUFALDIN.

Cela pourroit-il être,
Si, lorsqu'il m'a pu voir, il n'avoit que sept ans,
Et si son précepteur même, depuis ce temps,
Auroit peine à pouvoir connoître mon visage ?

MASCARILLE.

Le sang bien autrement conserve cette image ;
Par des traits si profonds ce portrait est tracé
Que mon père...

TRUFALDIN.

Suffit. Où l'avez-vous laissé ?

LÉLIE.

En Turquie, à Turin.

TRUFALDIN.

Turin ? Mais cette ville
Est, je pense, en Piémont.

MASCARILLE, *à part.*

O cerveau malhabile !

(*A Trufaldin.*)

Vous ne l'entendez pas ; il veut dire Tunis,

Et c'est en effet là qu'il laissa votre fils ;
Mais les Arméniens ont tous une habitude,
Certain vice de langue à nous autres fort rude :
C'est que dans tous les mots ils changent *nis* en *rin*,
Et, pour dire Tunis, ils prononcent Turin.

TRUFALDIN.

Il falloit, pour l'entendre, avoir cette lumière.
Quel moyen vous dit-il de rencontrer son père ?

MASCARILLE, *à part.*

Voyez s'il répondra.

(*A Trufaldin, qui le voit gesticuler.*)

Je repassois un peu
Quelque leçon d'escrime ; autrefois en ce jeu
Il n'étoit point d'adresse à mon adresse égale,
Et j'ai battu le fer en mainte et mainte salle.

TRUFALDIN, *à Mascarille.*

Ce n'est pas maintenant ce que je veux savoir.

(*A Lélie.*)

Quel autre nom dit-il que je devois avoir ?

MASCARILLE.

Ah ! Seigneur Zanobio Ruberti, quelle joie
Est celle maintenant que le Ciel vous envoie !

LÉLIE.

C'est là votre vrai nom, et l'autre est emprunté.

TRUFALDIN.

Mais où vous a-t-il dit qu'il reçut la clarté ?

MASCARILLE.

Naples est un séjour qui paroît agréable ;
Mais pour vous ce doit être un lieu fort haïssable.

TRUFALDIN.

Ne peux-tu sans parler souffrir notre discours ?

LÉLIE.

Dans Naples son destin a commencé son cours.

TRUFALDIN.

Où l'envoyai-je jeune, et sous quelle conduite ?

MASCARILLE.

Ce pauvre maître Albert a beaucoup de mérite
D'avoir depuis Bologne accompagné ce fils
Qu'à sa discrétion vos soins avoient commis.

TRUFALDIN.

Ah !

MASCARILLE, *à part.*

Nous sommes perdus si cet entretien dure.

TRUFALDIN.

Je voudrois bien savoir de vous leur aventure ;
Sur quel vaisseau le sort, qui m'a su travailler...

MASCARILLE.

Je ne sais ce que c'est, je ne fais que bâiller.
Mais, Seigneur Trufaldin, songez-vous que peut-être
Ce monsieur l'étranger a besoin de repaître,
Et qu'il est tard aussi ?

LÉLIE.

Pour moi, point de repas.

MASCARILLE.

Ah ! vous avez plus faim que vous ne pensez pas.

TRUFALDIN.

Entrez donc.

LÉLIE.

Après vous.

MASCARILLE.

Monsieur, en Arménie,
Les maîtres du logis sont sans cérémonie.
(*Trufaldin rentre. — A Lélie.*)
Pauvre esprit ! pas deux mots !

LÉLIE.

D'abord il m'a surpris ;
Mais n'appréhende plus, je reprends mes esprits,
Et m'en vais débiter avecque hardiesse...

MASCARILLE.

Voici notre rival, qui ne sait pas la pièce.

SCÈNE III

LÉANDRE, ANSELME.

ANSELME.

Arrêtez-vous, Léandre, et souffrez un discours
Qui cherche le repos et l'honneur de vos jours :
Je ne vous parle point en père de ma fille,
En homme intéressé pour ma propre famille,
Mais comme votre père, ému pour votre bien,
Sans vouloir vous flatter et vous déguiser rien ;
Bref, comme je voudrois, d'une âme franche et pure,
Que l'on fît à mon sang, en pareille aventure.
Savez-vous de quel œil chacun voit cet amour

Qui, dedans une nuit, vient d'éclater au jour?
A combien de discours et de traits de risée
Votre entreprise d'hier est partout exposée?
Quel jugement on fait du choix capricieux
Qui pour femme, dit-on, vous désigne en ces lieux
Un rebut de l'Égypte, une fille coureuse
De qui le noble emploi n'est qu'un métier de gueuse?
J'en ai rougi pour vous encor plus que pour moi,
Qui me trouve compris dans l'éclat que je voi;
Moi, dis-je, dont la fille, à vos ardeurs promise,
Ne peut sans quelque affront souffrir qu'on la méprise.
Ah! Léandre, sortez de cet abaissement;
Ouvrez un peu les yeux sur votre aveuglement:
Si notre esprit n'est pas sage à toutes les heures,
Les plus courtes erreurs sont toujours les meilleures.
Quand on ne prend en dot que la seule beauté,
Le remords est bien près de la solennité,
Et la plus belle femme a très peu de défense
Contre cette tiédeur qui suit la jouissance:
Je vous le dis encor, ces bouillants mouvements,
Ces ardeurs de jeunesse et ces emportements,
Nous font trouver d'abord quelques nuits agréables;
Mais ces félicités ne sont guère durables,
Et notre passion, alentissant son cours,
Après ces bonnes nuits, donne de mauvais jours.
De là viennent les soins, les soucis, les misères,
Les fils déshérités par le courroux des pères.

LÉANDRE.

Dans tout votre discours je n'ai rien écouté

Que mon esprit déjà ne m'ait représenté.
Je sais combien je dois à cet honneur insigne
Que vous me voulez faire, et dont je suis indigne;
Et vois, malgré l'effort dont je suis combattu,
Ce que vaut votre fille, et quelle est sa vertu.
Aussi veux-je tâcher...

ANSELME.

On ouvre cette porte;
Retirons-nous plus loin, de crainte qu'il n'en sorte
Quelque secret poison dont vous seriez surpris.

SCÈNE IV

LÉLIE, MASCARILLE.

MASCARILLE.

Bientôt de notre fourbe on verra le débris,
Si vous continuez des sottises si grandes.

LÉLIE.

Dois-je éternellement ouïr tes réprimandes?
De quoi te peux-tu plaindre? ai-je pas réussi
En tout ce que j'ai dit depuis...

MASCARILLE.

Coussi-coussi :
Témoin les Turcs, par vous appelés hérétiques,
Et que vous assurez, par serments authentiques,
Adorer pour leurs dieux la lune et le soleil.

Passe : ce qui me donne un dépit nonpareil,
C'est qu'ici votre amour étrangement s'oublie ;
Près de Célie il est ainsi que la bouillie,
Qui par un trop grand feu s'enfle, croît jusqu'aux bords,
Et de tous les côtés se répand au dehors.

LÉLIE.

Pourroit-on se forcer à plus de retenue?
Je ne l'ai presque point encore entretenue.

MASCARILLE.

Oui ; mais ce n'est pas tout que de ne parler pas :
Par vos gestes, durant un moment de repas,
Vous avez aux soupçons donné plus de matière
Que d'autres ne feroient dans une année entière.

LÉLIE.

Et comment donc?

MASCARILLE.

Comment? chacun a pu le voir.
A table, où Trufaldin l'oblige de se seoir,
Vous n'avez toujours fait qu'avoir les yeux sur elle ;
Rouge, tout interdit, jouant de la prunelle,
Sans prendre jamais garde à ce qu'on vous servoit,
Vous n'aviez point de soif qu'alors qu'elle buvoit,
Et, dans ses propres mains vous saisissant du verre,
Sans le vouloir rincer, sans rien jeter à terre,
Vous buviez sur son reste, et montriez d'affecter
Le côté qu'à sa bouche elle avoit su porter.
Sur les morceaux touchés de sa main délicate,
Ou mordus de ses dents, vous étendiez la patte
Plus brusquement qu'un chat dessus une souris,

Et les avaliez tout ainsi que des pois gris.
Puis, outre tout cela, vous faisiez sous la table
Un bruit, un triquetrac de pieds insupportable,
Dont Trufaldin, heurté de deux coups trop pressants,
A puni par deux fois deux chiens très innocents,
Qui, s'ils eussent osé, vous eussent fait querelle.
Et puis après cela votre conduite est belle?
Pour moi, j'en ai souffert la gêne sur mon corps;
Malgré le froid, je sue encor de mes efforts :
Attaché dessus vous comme un joueur de boule
Après le mouvement de la sienne qui roule,
Je pensois retenir toutes vos actions
En faisant de mon corps mille contorsions.

LÉLIE.

Mon Dieu! qu'il t'est aisé de condamner des choses
Dont tu ne ressens point les agréables causes!
Je veux bien néanmoins, pour te plaire une fois,
Faire force à l'amour qui m'impose des lois :
Désormais...

SCÈNE V

LÉLIE, MASCARILLE, TRUFALDIN.

MASCARILLE.

Nous parlions des fortunes d'Horace.

TRUFALDIN.

C'est bien fait.

(*A Lélie.*)

Cependant me ferez-vous la grâce
Que je puisse lui dire un seul mot en secret?

LÉLIE.

Il faudroit autrement être fort indiscret.

(*Lélie s'éloigne.*)

TRUFALDIN.

Écoute, sais-tu bien ce que je viens de faire?

MASCARILLE.

Non; mais, si voulez, je ne tarderai guère
Sans doute à le savoir.

TRUFALDIN.

D'un chêne grand et fort,
Dont près de deux cents ans ont fait déjà le sort,
Je viens de détacher une branche admirable,
Choisie expressément de grosseur raisonnable,
Dont j'ai fait sur-le-champ avec beaucoup d'ardeur
Un bâton à peu près...

(*Il montre son bras.*)

Oui, de cette grandeur;
Moins gros par l'un des bouts, mais plus que trente gaules
Propre, comme je pense, à rosser les épaules :
Car il est bien en main, vert, noueux et massif.

MASCARILLE.

Mais pour qui, je vous prie, un tel préparatif?

TRUFALDIN.

Pour toi premièrement, puis pour ce bon apôtre
Qui veut m'en donner d'une, et m'en jouer d'une autre;
Pour cet Arménien, ce marchand déguisé,

Introduit sous l'appât d'un conte supposé.

MASCARILLE.

Quoi! vous ne croyez pas...?

TRUFALDIN.

Ne cherche point d'excuse :
Lui-même heureusement a découvert sa ruse,
Et, disant à Célie, en lui serrant la main,
Que pour elle il venoit sous ce prétexte vain,
Il n'a pas aperçu Jeannette, ma fillole,
Laquelle a tout ouï parole pour parole;
Et je ne doute point, quoiqu'il n'en ait rien dit,
Que tu ne sois de tout le complice maudit.

MASCARILLE.

Ah! vous me faites tort. S'il faut qu'on vous affronte,
Croyez qu'il m'a trompé le premier à ce conte.

TRUFALDIN.

Veux-tu me faire voir que tu dis vérité?
Qu'à le chasser mon bras soit du tien assisté;
Donnons-en à ce fourbe et du long et du large,
Et de tout crime après mon esprit te décharge.

MASCARILLE.

Oui-da, très volontiers; je l'épousterai bien,
Et par là vous verrez que je n'y trempe en rien.
(*A part.*)
Ah! vous serez rossé, Monsieur de l'Arménie,
Qui toujours gâtez tout.

SCÈNE VI

LÉLIE, TRUFALDIN, MASCARILLE.

TRUFALDIN *heurte à la porte de Lélie.*

Un mot, je vous supplie.
Donc, Monsieur l'imposteur, vous osez aujourd'hui
Duper un honnête homme et vous jouer de lui?

MASCARILLE.

Feindre avoir vu son fils en une autre contrée
Pour vous donner chez lui plus aisément entrée?

TRUFALDIN *bat Lélie.*

Vidons, vidons sur l'heure.

LÉLIE, *à Mascarille, qui le bat aussi.*

Ah! coquin!

MASCARILLE.

C'est ainsi
Que les fourbes...

LÉLIE.

Bourreau!

MASCARILLE.

Sont ajustés ici.
Garde-moi bien cela.

LÉLIE.

Quoi donc? je serois homme...

MASCARILLE.

Tirez, tirez, vous dis-je, ou bien je vous assomme.

TRUFALDIN.

Voilà qui me plaît fort; rentre, je suis content.
(*Mascarille rentre dans la maison avec Trufaldin.*)

LÉLIE.

A moi par un valet cet affront éclatant!
L'auroit-on pu prévoir, l'action de ce traître
Qui vient insolemment de maltraiter son maître?

MASCARILLE, *de la fenêtre.*

Peut-on vous demander comment va votre dos?

LÉLIE.

Quoi! tu m'oses encor tenir un tel propos?

MASCARILLE.

Voilà, voilà que c'est de ne voir pas Jeannette
Et d'avoir en tout temps une langue indiscrette;
Mais, pour cette fois-ci, je n'ai point de courroux,
Je cesse d'éclater, de pester contre vous:
Quoique de l'action l'imprudence soit haute,
Ma main sur votre échine a lavé votre faute.

LÉLIE.

Ah! je me vengerai de ce trait déloyal.

MASCARILLE.

Vous vous êtes causé vous-même tout le mal.

LÉLIE.

Moi?

MASCARILLE.

Si vous n'étiez pas une cervelle folle,
Quand vous avez parlé naguère à votre idole,
Vous auriez aperçu Jeannette sur vos pas,
Dont l'oreille subtile a découvert le cas.

LÉLIE.

On auroit pu surprendre un mot dit à Célie?

MASCARILLE.

Et d'où doncques viendroit cette prompte sortie?
Oui, vous n'êtes dehors que par votre caquet.
Je ne sais si souvent vous jouez au piquet,
Mais, au moins, faites-vous des écarts admirables.

LÉLIE.

Oh! le plus malheureux de tous les misérables!
Mais encore pourquoi me voir chassé par toi?

MASCARILLE.

Je ne fis jamais mieux que d'en prendre l'emploi;
Par là, j'empêche au moins que de cet artifice
Je ne sois soupçonné d'être auteur ou complice.

LÉLIE.

Tu devois donc, pour toi, frapper plus doucement.

MASCARILLE.

Quelque sot! Trufaldin lorgnoit exactement.
Et puis je vous dirai, sous ce prétexte utile,
Je n'étois point fâché d'évaporer ma bile.
Enfin la chose est faite, et, si j'ai votre foi
Qu'on ne vous verra point vouloir venger sur moi,
Soit ou directement, ou par quelque autre voie,
Les coups sur votre râble assenés avec joie,
Je vous promets, aidé par le poste où je suis,
De contenter vos vœux avant qu'il soit deux nuits.

LÉLIE.

Quoique ton traitement ait eu trop de rudesse,
Qu'est-ce que dessus moi ne peut cette promesse?

MASCARILLE.

Vous le promettez donc?

LÉLIE.

Oui, je te le promets.

MASCARILLE.

Ce n'est pas encor tout; promettez que jamais
Vous ne vous mêlerez dans quoi que j'entreprenne.

LÉLIE.

Soit.

MASCARILLE.

Si vous y manquez, votre fièvre quartaine!

LÉLIE.

Mais tiens-moi donc parole, et songe à mon repos!

MASCARILLE.

Allez quitter l'habit et graisser votre dos.

LÉLIE.

Faut-il que le malheur, qui me suit à la trace,
Me fasse voir toujours disgrâce sur disgrâce?

MASCARILLE.

Quoi! vous n'êtes pas loin? Sortez vite d'ici;
Mais surtout gardez-vous de prendre aucun souci:
Puisque je fais pour vous, que cela vous suffise;
N'aidez point mon projet de la moindre entreprise...
Demeurez en repos.

LÉLIE.

Oui, va, je m'y tiendrai.

MASCARILLE, *seul.*

Il faut voir maintenant quel biais je prendrai.

SCÈNE VII

ERGASTE, MASCARILLE.

ERGASTE.

Mascarille, je viens te dire une nouvelle
Qui donne à tes desseins une atteinte cruelle :
A l'heure que je parle, un jeune Égyptien,
Qui n'est pas noir pourtant et sent assez son bien,
Arrive accompagné d'une vieille fort hâve,
Et vient chez Trufaldin racheter cette esclave
Que vous vouliez. Pour elle il paroît fort zélé.

MASCARILLE.

Sans doute c'est l'amant dont Célie a parlé.
Fut-il jamais destin plus brouillé que le nôtre!
Sortant d'un embarras, nous entrons dans un autre.
En vain nous apprenons que Léandre est au point
De quitter la partie et ne nous troubler point,
Que son père, arrivé contre toute espérance,
Du côté d'Hippolyte emporte la balance;
Qu'il a tout fait changer par son autorité,
Et va dès aujourd'hui conclure le traité :
Lorsqu'un rival s'éloigne, un autre plus funeste
S'en vient nous enlever tout l'espoir qui nous reste.
Toutefois, par un trait merveilleux de mon art,
Je crois que je pourrai retarder leur départ,
Et me donner le temps qui sera nécessaire

Pour tâcher de finir cette fameuse affaire.
Il s'est fait un grand vol : par qui, l'on n'en sait rien ;
Eux autres rarement passent pour gens de bien :
Je veux adroitement, sur un soupçon frivole,
Faire pour quelques jours emprisonner ce drôle.
Je sais des officiers de justice altérés,
Qui sont pour de tels coups de vrais délibérés :
Dessus l'avide espoir de quelque paraguante,
Il n'est rien que leur art aveuglément ne tente,
Et du plus innocent toujours à leur profit
La bourse est criminelle, et paye son délit.

ACTE V

SCÈNE PREMIÈRE

MASCARILLE, ERGASTE.

MASCARILLE.

Ah! chien! ah! double chien! mâtine de cervelle,
Ta persécution sera-t-elle éternelle?

ERGASTE.

Par les soins vigilants de l'exempt Balafré,
Ton affaire alloit bien, le drôle étoit coffré,
Si ton maître au moment ne fût venu lui-même
En vrai désespéré rompre ton stratagème.
« Je ne saurois souffrir, a-t-il dit hautement,
Qu'un honnête homme soit traîné honteusement;
J'en réponds sur sa mine, et je le cautionne. »
Et, comme on résistoit à lâcher sa personne,
D'abord il a chargé si bien sur les recors,
Qui sont gens d'ordinaire à craindre pour leur corps,
Qu'à l'heure que je parle ils sont encore en fuite,

Et pensent tous avoir un Lélie à leur suite.

MASCARILLE.

Le traître ne sait pas que cet Égyptien
Est déjà là-dedans pour lui ravir son bien.

ERGASTE.

Adieu; certaine affaire à te quitter m'oblige.

MASCARILLE.

Oui, je suis stupéfait de ce dernier prodige;
On diroit, et pour moi j'en suis persuadé,
Que ce démon brouillon dont il est possédé
Se plaise à me braver, et me l'aille conduire
Partout où sa présence est capable de nuire.
Pourtant je veux poursuivre, et, malgré tous ces coups,
Voir qui l'emportera, de ce diable ou de nous.
Célie est quelque peu de notre intelligence,
Et ne voit son départ qu'avecque répugnance;
Je tâche à profiter de cette occasion.
Mais ils viennent, songeons à l'exécution.
Cette maison meublée est en ma bienséance,
Je puis en disposer avec grande licence;
Si le sort nous en dit, tout sera bien réglé;
Nul que moi ne s'y tient, et j'en garde la clé.
O Dieu! qu'en peu de temps on a vu d'aventures,
Et qu'un fourbe est contraint de prendre de figures!

SCÈNE II

CÉLIE, ANDRÈS.

ANDRÈS.

Vous le savez, Célie, il n'est rien que mon cœur
N'ait fait pour vous prouver l'excès de son ardeur :
Chez les Vénitiens, dès un assez jeune âge,
La guerre en quelque estime avoit mis mon courage,
Et j'y pouvois un jour, sans trop croire de moi,
Prétendre, en les servant, un honorable emploi,
Lorsqu'on me vit pour vous oublier toute chose,
Et que le prompt effet d'une métamorphose
Qui suivit de mon cœur le soudain changement
Parmi vos compagnons sut ranger votre amant,
Sans que mille accidents ni votre indifférence
Aient pu me détacher de ma persévérance.
Depuis, par un hasard d'avec vous séparé
Pour beaucoup plus de temps que je n'eusse auguré,
Je n'ai, pour vous rejoindre, épargné temps ni peine.
Enfin, ayant trouvé la vieille Égyptienne,
Et, plein d'impatience, apprenant votre sort,
Que, pour certain argent qui leur importoit fort,
Et qui de tous vos gens détourna le naufrage,
Vous aviez en ces lieux été mise en otage,
J'accours vite y briser ces chaînes d'intérêt,
Et recevoir de vous les ordres qu'il vous plaît.

Cependant on vous voit une morne tristesse,
Alors que dans vos yeux doit briller l'allégresse;
Si pour vous la retraite avoit quelques appas,
Venise, du butin fait parmi les combats,
Me garde pour tous deux de quoi pouvoir y vivre;
Que si, comme devant, il vous faut encor suivre,
J'y consens, et mon cœur n'ambitionnera
Que d'être auprès de vous tout ce qu'il vous plaira.

CÉLIE.

Votre zèle pour moi visiblement éclate;
Pour en paroître triste, il faudroit être ingrate;
Et mon visage aussi, par son émotion,
N'explique point mon cœur en cette occasion :
Une douleur de tête y peint sa violence,
Et, si j'avois sur vous quelque peu de puissance,
Notre voyage, au moins pour trois ou quatre jours,
Attendroit que ce mal eût pris un autre cours.

ANDRÈS.

Autant que vous voudrez faites qu'il se diffère;
Toutes mes volontés ne butent qu'à vous plaire;
Cherchons une maison à vous mettre en repos.
L'écriteau que voici s'offre tout à propos.

SCÈNE III

MASCARILLE *déguisé en Suisse,* CÉLIE, ANDRÈS.

ANDRÈS.

Seigneur Suisse, êtes-vous de ce logis le maître?

MASCARILLE.

Moi, pour serfir à fous.

ANDRÈS.

Pourrons-nous y bien être?

MASCARILLE.

Oui, moi pour d'estrancher chappon champre garni :
Mais ché non point locher te gent te méchant vi.

ANDRÈS.

Je crois votre maison franche de tout ombrage.

MASCARILLE.

Fous nouviau dans sti fil, moi foir à la fissage.

ANDRÈS.

Oui.

MASCARILLE.

La matame est-il mariage al montsieur?

ANDRÈS.

Quoi?

MASCARILLE.

S'il être son fame, ou s'il être son sœur?

ANDRÈS.

Non.

MASCARILLE.

Mon foi, pien choli. Finir pour marchandisse,
Ou pien pour temanter à la Palais choustice?
La procès, il fault rien; il coûter tant tarchant!
La procurair larron, l'afocat pien méchant.

ANDRÈS.

Ce n'est pas pour cela.

MASCARILLE.

Fous tonc mener sti file
Pour fenir pourmener et recarter la file?

ANDRÈS.

Il n'importe.

(*A Célie.*)

Je suis à vous dans un moment;
Je vais faire venir la vieille promptement,
Contremander aussi notre voiture prête.

MASCARILLE.

Li ne porte pas pien?

ANDRÈS.

Elle a mal à la tête.

MASCARILLE.

Moi, chavoir de pon fin et de fromage pon;
Entre fous, entre fous dans mon petit maisson.

SCÈNE IV

LÉLIE, ANDRÈS.

LÉLIE.

Quel que soit le transport d'une âme impatiente,
Ma parole m'engage à rester en attente,
A laisser faire un autre et voir, sans rien oser,
Comme de mes destins le Ciel veut disposer.
(*A Andrès.*)
Demandiez-vous quelqu'un dedans cette demeure?

ANDRÈS.

C'est un logis garni que j'ai pris tout à l'heure.

LÉLIE.

A mon père pourtant la maison appartient,
Et mon valet la nuit pour la garder s'y tient.

ANDRÈS.

Je ne sais; l'écriteau marque au moins qu'on la loue :
Lisez.

LÉLIE.

Certes ceci me surprend, je l'avoue;
Qui diantre l'auroit mis, et par quel intérêt?...
Ah! ma foi, je devine à peu près ce que c'est :
Cela ne peut venir que de ce que j'augure.

ANDRÈS.

Peut-on vous demander quelle est cette aventure?

LÉLIE.

Je voudrois à tout autre en faire un grand secret;
Mais, pour vous, il n'importe, et vous serez discret.
Sans doute l'écriteau que vous voyez paraître,
Comme je conjecture au moins, ne sauroit être
Que quelque invention du valet que je di,
Que quelque nœud subtil qu'il doit avoir ourdi
Pour mettre en mon pouvoir certaine Égyptienne
Dont j'ai l'âme piquée, et qu'il faut que j'obtienne.
Je l'ai déjà manquée, et même plusieurs coups.

ANDRÈS.

Vous l'appelez?

LÉLIE.

Célie.

ANDRÈS.

Hé! que ne disiez-vous?
Vous n'aviez qu'à parler; je vous aurois sans doute
Épargné tous les soins que ce projet vous coûte.

LÉLIE.

Quoi! vous la connoissez?

ANDRÈS.

C'est moi qui maintenant
Viens de la racheter.

LÉLIE.

O discours surprenant!

ANDRÈS.

Sa santé de partir ne me pouvant permettre,
Au logis que voilà je venois de la mettre;
Et je suis très ravi, dans cette occasion,

Que vous m'ayez instruit de votre intention.

LÉLIE.

Quoi! j'obtiendrois de vous le bonheur que j'espère?
Vous pourriez...?

ANDRÈS.

Tout à l'heure on va vous satisfaire.

LÉLIE.

Que pourrai-je vous dire, et quel remercîment...?

ANDRÈS.

Non, ne m'en faites point, je n'en veux nullement.

SCÈNE V

MASCARILLE, LÉLIE, ANDRÈS.

MASCARILLE.

Hé bien! ne voilà pas mon enragé de maître!
Il nous va faire encor quelque nouveau bissêtre.

LÉLIE.

Sous ce grotesque habit qui l'auroit reconnu?
Approche, Mascarille, et sois le bienvenu.

MASCARILLE.

Moi souis ein chant honneur, moi non point Maquerille,
Chai point fentre chamais le fame ni le fille.

LÉLIE.

Le plaisant baragouin! Il est bon, sur ma foi.

MASCARILLE.

Alle fous pourmener, sans toi rire te moi.

LÉLIE.

Va, va, lève le masque, et reconnois ton maître.

MASCARILLE.

Partieu, tiaple, mon foi, jamais toi chai connaître.

LÉLIE.

Tout est accommodé; ne te déguise point.

MASCARILLE.

Si toi point t'en aller, chai paille ein cou te point.

LÉLIE.

Ton jargon allemand est superflu, te dis-je;
Car nous sommes d'accord, et sa bonté m'oblige :
J'ai tout ce que mes vœux lui pouvoient demander,
Et tu n'as pas sujet de rien appréhender.

MASCARILLE.

Si vous êtes d'accord par un bonheur extrême,
Je me dessuisse donc, et redeviens moi-même.

ANDRÈS.

Ce valet vous servoit avec beaucoup de feu;
Mais je reviens à vous, demeurez quelque peu.

LÉLIE.

Hé bien, que diras-tu?

MASCARILLE.

Que j'ai l'âme ravie
De voir d'un beau succès notre peine suivie.

LÉLIE.

Tu feignois à sortir de ton déguisement,
Et ne pouvois me croire en cet événement.

MASCARILLE.

Comme je vous connois, j'étois dans l'épouvante,

Et treuve l'aventure aussi fort surprenante.

LÉLIE.

Mais confesse qu'enfin c'est avoir fait beaucoup.
Au moins, j'ai réparé mes fautes, à ce coup,
Et j'aurai cet honneur d'avoir fini l'ouvrage.

MASCARILLE.

Soit : vous aurez été bien plus heureux que sage.

SCÈNE VI

CÉLIE, MASCARILLE, LÉLIE, ANDRÈS.

ANDRÈS.

N'est-ce pas là l'objet dont vous m'avez parlé?

LÉLIE.

Ah! quel bonheur au mien pourroit être égalé!

ANDRÈS.

Il est vrai, d'un bienfait je vous suis redevable;
Si je ne l'avouois, je serois condamnable;
Mais enfin ce bienfait auroit trop de rigueur
S'il falloit le payer aux dépens de mon cœur:
Jugez donc le transport où sa beauté me jette,
Si je dois à ce prix vous acquitter ma dette;
Vous êtes généreux, vous ne le voudriez pas.
Adieu pour quelques jours; retournons sur nos pas.

MASCARILLE.

Je ris, et toutefois je n'en ai guère envie;

Vous voilà bien d'accord : il vous donne Célie,
Et... Vous m'entendez bien.

LÉLIE.

C'est trop, je ne veux plus
Te demander pour moi de secours superflus;
Je suis un chien, un traître, un bourreau détestable,
Indigne d'aucun soin, de rien faire incapable.
Va, cesse tes efforts pour un malencontreux
Qui ne sauroit souffrir que l'on le rende heureux.
Après tant de malheurs, après mon imprudence,
Le trépas me doit seul prêter son assistance.

MASCARILLE.

Voilà le vrai moyen d'achever son destin;
Il ne lui manque plus que de mourir enfin,
Pour le couronnement de toutes ses sottises.
Mais en vain son dépit pour ses fautes commises
Lui fait licencier mes soins et mon appui;
Je veux, quoi qu'il en soit, le servir malgré lui,
Et dessus son lutin obtenir la victoire :
Plus l'obstacle est puissant, plus on reçoit de gloire,
Et les difficultés dont on est combattu
Sont les dames d'atour qui parent la vertu.

SCÈNE VII

MASCARILLE, CÉLIE.

CÉLIE.

Quoi que tu veuilles dire et que l'on se propose,
De ce retardement j'attends fort peu de chose ;
Ce qu'on voit de succès peut bien persuader
Qu'ils ne sont pas encor fort près de s'accorder,
Et je t'ai déjà dit qu'un cœur comme le nôtre
Ne voudroit pas pour l'un faire injustice à l'autre ;
Et que très fortement, par de différents nœuds,
Je me trouve attachée au parti de tous deux :
Si Lélie a pour lui l'amour et sa puissance,
Andrès pour son partage a la reconnoissance,
Qui ne souffrira point que mes pensers secrets
Consultent jamais rien contre ses intérêts.
Oui, s'il ne peut avoir plus de place en mon âme,
Si le don de mon cœur ne couronne sa flamme,
Au moins dois-je ce prix à ce qu'il fait pour moi
De n'en choisir point d'autre, au mépris de sa foi,
Et de faire à mes vœux autant de violence
Que j'en fais aux désirs qu'il met en évidence :
Sur ces difficultés qu'oppose mon devoir,
Juge ce que tu peux te permettre d'espoir.

MASCARILLE.

Ce sont, à dire vrai, de très fâcheux obstacles,

Et je ne sais point l'art de faire des miracles;
Mais je vais employer mes efforts plus puissants,
Remuer terre et ciel, m'y prendre de tout sens,
Pour tâcher de trouver un biais salutaire;
Et vous dirai bientôt ce qui se pourra faire.

SCÈNE VIII

CÉLIE, HIPPOLYTE.

HIPPOLYTE.

Depuis votre séjour, les dames de ces lieux
Se plaignent justement des larcins de vos yeux,
Si vous leur dérobez leurs conquêtes plus belles,
Et de tous leurs amants faites des infidèles.
Il n'est guère de cœurs qui puissent échapper
Aux traits dont à l'abord vous savez les frapper;
Et mille libertés, à vos chaînes offertes,
Semblent vous enrichir chaque jour de nos pertes.
Quant à moi, toutefois, je ne me plaindrois pas
Du pouvoir absolu de vos rares appas,
Si, lorsque mes amants sont devenus les vôtres,
Un seul m'eût consolé de la perte des autres.
Mais qu'inhumainement vous me les ôtiez tous,
C'est un dur procédé dont je me plains à vous.

CÉLIE.

Voilà d'un air galant faire une raillerie;

Mais épargnez un peu celle qui vous en prie :
Vos yeux, vos propres yeux, se connoissent trop bien
Pour pouvoir de ma part redouter jamais rien ;
Ils sont fort assurés du pouvoir de leurs charmes
Et ne prendront jamais de pareilles alarmes.

HIPPOLYTE.

Pourtant en ce discours je n'ai rien avancé
Qui dans tous les esprits ne soit déjà passé,
Et, sans parler du reste, on sait bien que Célie
A causé des désirs à Léandre et Lélie.

CÉLIE.

Je crois qu'étant tombés dans cet aveuglement,
Vous vous consoleriez de leur perte aisément,
Et trouveriez pour vous l'amant peu souhaitable
Qui d'un si mauvais choix se trouveroit capable.

HIPPOLYTE.

Au contraire, j'agis d'un air tout différent,
Et trouve en vos beautés un mérite si grand,
J'y vois tant de raisons capables de défendre
L'inconstance de ceux qui s'en laissent surprendre,
Que je ne puis blâmer la nouveauté des feux
Dont envers moi Léandre a parjuré ses vœux,
Et le vais voir tantôt, sans haine et sans colère,
Ramené sous mes lois par le pouvoir d'un père.

SCÈNE IX

MASCARILLE, CÉLIE, HIPPOLYTE.

MASCARILLE.

Grande, grande nouvelle, et succès surprenant,
Que ma bouche vous vient annoncer maintenant!

CÉLIE.

Qu'est-ce donc?

MASCARILLE.

Écoutez, voici sans flatterie...

CÉLIE.

Quoi?

MASCARILLE.

La fin d'une vraie et pure comédie.
La vieille Égyptienne, à l'heure même...

CÉLIE.

Hé bien?

MASCARILLE.

Passoit dedans la place, et ne songeoit à rien,
Alors qu'une autre vieille assez défigurée,
L'ayant de près, au nez, longtemps considérée,
Par un bruit enroué de mots injurieux
A donné le signal d'un combat furieux
Qui pour armes, pourtant, mousquets, dagues ou flèches,
Ne faisoir voir en l'air que quatre griffes sèches,
Dont ces deux combattants s'efforçoient d'arracher

Ce peu que sur leurs os les ans laissent de chair.
On n'entend que ces mots : chienne, louve, bagasse !
D'abord leurs scoffions ont volé par la place,
Et, laissant voir à nu deux têtes sans cheveux,
Ont rendu le combat risiblement affreux.
Andrès et Trufaldin, à l'éclat du murmure,
Ainsi que force monde, accourus d'aventure,
Ont à les décharpir eu de la peine assez,
Tant leurs esprits étoient par la fureur poussés.
Cependant que chacune, après cette tempête,
Songe à cacher aux yeux la honte de sa tête,
Et que l'on veut savoir qui causoit cette humeur,
Celle qui la première avoit fait la rumeur,
Malgré la passion dont elle étoit émue,
Ayant sur Trufaldin tenu longtemps la vue :
« C'est vous, si quelque erreur n'abuse ici mes yeux,
Qu'on m'a dit qui viviez inconnu dans ces lieux,
A-t-elle dit tout haut, ô rencontre opportune !
Oui, Seigneur Zanobio Ruberti, la fortune
Me fait vous reconnoître, et dans le même instant
Que pour votre intérêt je me tourmentois tant.
Lorsque Naples vous vit quitter votre famille,
J'avois, vous le savez, en mes mains votre fille,
Dont j'élevois l'enfance, et qui, par mille traits,
Faisoit voir dès quatre ans sa grâce et ses attraits.
Celle que vous voyez, cette infâme sorcière,
Dedans notre maison se rendant familière,
Me vola ce trésor. Hélas ! de ce malheur
Votre femme, je crois, conçut tant de douleur

Que cela servit fort pour avancer sa vie ;
Si bien qu'entre mes mains cette fille ravie
Me faisant redouter un reproche fâcheux,
Je vous fis annoncer la mort de toutes deux.
Mais il faut maintenant, puisque je l'ai connue,
Qu'elle fasse savoir ce qu'elle est devenue. »
Au nom de Zanobio Ruberti, que sa voix
Pendant tout ce récit répétoit plusieurs fois,
Andrès, ayant changé quelque temps de visage,
A Trufaldin surpris a tenu ce langage :
« Quoi donc ! le Ciel me fait trouver heureusement
Celui que jusqu'ici j'ai cherché vainement,
Et que j'avois pu voir sans pourtant reconnaître
La source de mon sang et l'auteur de mon être !
Oui, mon père, je suis Horace, votre fils :
D'Albert, qui me gardoit, les jours étant finis,
Me sentant naître au cœur d'autres inquiétudes,
Je sortis de Bologne, et, quittant mes études,
Portai durant six ans mes pas en divers lieux,
Selon que me poussoit un désir curieux.
Pourtant, après ce temps, une secrète envie
Me pressa de revoir les miens et ma patrie ;
Mais dans Naples, hélas ! je ne vous trouvai plus,
Et n'y sus votre sort que par des bruits confus :
Si bien qu'à votre quête ayant perdu mes peines,
Venise pour un temps borna mes courses vaines,
Et j'ai vécu depuis sans que de ma maison
J'eusse d'autres clartés que d'en savoir le nom. »
Je vous laisse à juger si, pendant ces affaires,

Trufaldin ressentoit des transports ordinaires.
Enfin, pour retrancher ce que plus à loisir
Vous aurez le moyen de vous faire éclaircir
Par la confession de votre Égyptienne,
Trufaldin maintenant vous reconnoît pour sienne ;
Andrès est votre frère, et, comme de sa sœur
Il ne peut plus songer à se voir possesseur,
Une obligation qu'il prétend reconnaître
A fait qu'il vous obtient pour épouse à mon maître,
Dont le père, témoin de tout l'événement,
Donne à cet hyménée un plein consentement,
Et, pour mettre une joie entière en sa famille,
Pour le nouvel Horace a proposé sa fille.
Voyez que d'incidents à la fois enfantés !

CÉLIE.

Je demeure immobile à tant de nouveautés.

MASCARILLE.

Tous viennent sur nos pas, hors les deux championnes,
Qui du combat encor remettent leurs personnes :
Léandre est de la troupe, et votre père aussi.
Moi, je vais avertir mon maître de ceci,
Et que, lorsqu'à ses vœux on croit le plus d'obstacle,
Le Ciel en sa faveur produit comme un miracle.

HIPPOLYTE.

Un tel ravissement rend mes esprits confus,
Que pour mon propre sort je n'en aurois pas plus.
Mais les voici venir.

SCÈNE X

TRUFALDIN, ANSELME, PANDOLFE, ANDRÈS, CÉLIE, HIPPOLYTE.

TRUFALDIN.

Ah! ma fille.

CÉLIE.

Ah! mon père.

TRUFALDIN.

Sais-tu déjà comment le Ciel nous est prospère?

CÉLIE.

Je viens d'entendre ici ce succès merveilleux.

HIPPOLYTE, *à Léandre.*

En vain vous parleriez pour excuser vos feux,
Si j'ai devant les yeux ce que vous pouvez dire.

LÉANDRE.

Un généreux pardon est ce que je désire ;
Mais j'atteste les Cieux qu'en ce retour soudain
Mon père fait bien moins que mon propre dessein.

ANDRÈS, *à Célie.*

Qui l'auroit jamais cru que cette ardeur si pure
Pût être condamnée un jour par la nature?
Toutefois tant d'honneur la sut toujours régir
Qu'en y changeant fort peu je puis la retenir.

CÉLIE.

Pour moi, je me blâmois, et croyois faire faute
Quand je n'avois pour vous qu'une estime très haute;
Je ne pouvois savoir quel obstacle puissant
M'arrêtoit sur un pas si doux et si glissant
Et détournoit mon cœur de l'aveu d'une flamme
Que mes sens s'efforçoient d'introduire en mon âme.

TRUFALDIN.

Mais, en te recouvrant, que diras-tu de moi
Si je songe aussitôt à me priver de toi,
Et t'engage à son fils sous les lois d'hyménée?

CÉLIE.

Que de vous maintenant dépend ma destinée.

SCÈNE XI

TRUFALDIN, MASCARILLE, LÉLIE, ANSELME, PANDOLFE, CÉLIE, ANDRÈS, HIPPOLYTE, LÉANDRE.

MASCARILLE.

Voyons si votre diable aura bien le pouvoir
De détruire, à ce coup, un si solide espoir,
Et si contre l'excès du bien qui vous arrive
Vous armerez encor votre imaginative.

Par un coup imprévu des destins les plus doux
Vos vœux sont couronnés, et Célie est à vous.

LÉLIE.

Croirai-je que du Ciel la puissance abolue ...?

TRUFALDIN.

Oui, mon gendre, il est vrai.

PANDOLFE.

La chose est résolue.

ANDRÈS.

Je m'acquitte par là de ce que je vous dois.

LÉLIE, *à Mascarille.*

Il faut que je t'embrasse et mille et mille fois,
Dans cette joie...

MASCARILLE.

Ahi, ahi! doucement, je vous prie;
Il m'a presque étouffé! Je crains fort pour Célie,
Si vous la caressez avec tant de transport:
De vos embrassements on se passeroit fort.

TRUFALDIN, *à Lélie.*

Vous savez le bonheur que le Ciel me renvoie;
Mais, puisqu'un même jour nous met tous dans la joie,
Ne nous séparons point qu'il ne soit terminé,
Et que son père aussi nous soit vite amené.

MASCARILLE.

Vous voilà tous pourvus; n'est-il point quelque fille
Qui pût accommoder le pauvre Mascarille?
A voir chacun se joindre à sa chacune ici,
J'ai des démangeaisons de mariage aussi.

ANSELME.

J'ai ton fait.

MASCARILLE.

Allons donc; et que les Cieux prospères
Nous donnent des enfants dont nous soyons les pères.

NOTES

Page 5, ligne 3. *Quand nous faisons besoin*, quand on a besoin de nous. Cette locution, employée par Molière dans d'autres comédies, notamment dans *le Dépit amoureux* et dans *l'Avare*, se rencontre dans les *Mémoires* de Philippe de Comines et dans l'*Oraison* de La Fontaine. Elle est donc d'usage ancien et général. Elle subsiste aujourd'hui dans le Midi de la France et particulièrement dans le Lyonnais.

— 23. *En parole*, en pourparler. « Nous étions en parole pour cela, monsieur Orgon et moi. » (DANCOURT, *Galant Jardinier*, sc. 1.)

10, 6. *Aient*, d'une seule syllabe, est une faute contre la prosodie étymologique et traditionnelle :

Il dit après : Paien, mal aies-tu.

CH. DE ROLAND.

Partout ailleurs dans *l'Étourdi*, Molière a scandé exactement :

P. 19, l. 11.

Qu'après vous payerez, *si cela l'accommode.*

P. 42, l. 26.

Ah! n'aye *point pour moi si grande indifférence.*

Et enfin p. 71, l. 6.

Que j'aye *peine aussi d'en sortir par après.*

13, 20. *Éclairer*, au sens d'épier, se trouve aussi dans Tristan L'Hermite, dans Racan, dans Scarron, dans Racine, dans Bourdaloue et dans Le Sage. Il subsiste dans le langage militaire; c'est au moyen de cavaliers lancés en *éclaireurs* qu'on *éclaire* la marche des armées.

19, 21. *Succéder*, au sens d'arriver, d'aboutir soit en bien, soit en mal; succès heureux ou malheureux. Malherbe, P. Corneille et Pascal ont employé *succéder* au même sens que Molière.

21, 8. *A la charge que*, à la condition que. Tournure élégante de son temps, car on la trouve dans Balzac et dans Pascal.

22, 23-24.

Querelle? — Oui, querelle, et bien avant poussée.

Il y a deux manières de scander ce vers pour lui donner ses douze pieds. La première serait de faire *oui* de deux syllabes, conformément à l'étymologie et à l'ancien usage, puisque, en ancien français, *oïl* avec le tréma est nécessairement dissyllabique. Clément Marot s'en servait même ainsi :

Et tant qu'ouy et nenny se dira.

Mais, au XVIIe siècle, *oui* s'était contracté à une seule syllabe, et Molière lui-même ne l'a jamais compté pour deux. Il faut donc admettre ici la remarque de Littré, selon laquelle la syllabe initiale de *oui* est légèrement aspirée : Un *oui*, des *oui*, qui ne se prononcent jamais *unoui*, *desoui*. En conséquence, le vers de *l'Étourdi* doit se lire : *Querel-le-oui*, etc., comme si le *oui* était précédé d'une *h* aspirée. Ceci retrouve son application dans *les Femmes savantes* :

Quoi? de ma fille? — Oui, Clitandre en est charmé.

23, 27. *Importer*, pour être de conséquence. C'est le sens général du mot. Voltaire écrit dans *Mérope* :

Tout m'importe, et de tout je suis en défiance.

25, 18. *Coucher d'imposture*. *Coucher de* signifie mettre

au jeu une somme de..., dans un sens absolument conforme à l'étymologie du verbe *coucher*, qui est *collocare*. Molière n'en a pas eu l'étrenne; treize ans avant *l'Étourdi*, Corneille avait fait dire par Clarice à Dorante dans *le Menteur* :

Vous couchez d'imposture, et vous osez jurer !

32, 6. *Je les vois en parole*. Voyez la note sur la p. 5.

38, 23. *Prou* signifie *assez*. « J'ai assez de ma frayeur en cette circonstance; ne l'augmentez pas en prenant une mauvaise figure. » — « Les princes me donnent *prou* s'ils ne m'ostent rien. » (MONTAIGNE.)

39, 16. *L'enclouure*, mot aussi vieux que la langue française pour désigner la blessure faite par un clou au pied du cheval, et, par analogie, le point secret et douloureux d'une affaire. On le trouve en ce sens dès le XIIe siècle, et, après Molière, on le retrouve encore dans les *Mémoires* de Saint-Simon, puis dans beaucoup d'écrivains modernes.

— 18. *A votre dam*, à votre dommage ou préjudice. Apocope de *damnum*. « Fust à son *dam* la foi promise. » (MAROT.) — « Il y vint à son *dam*. » (LA FONTAINE.)

52, 17. *Donner la baie*, tromper. Le mot *baie*, au sens de tromperie, remonte au XIIIe siècle. Se trouve, contemporainement à Molière, dans Corneille et dans Boileau.

54, 25. *Falot*, adj., par comparaison d'un homme versatile, capricieux, ou un peu fou, avec la lumière vacillante du *falot* ou lanterne. Marot parle de « ce gentil *fallot*, Jean Serre », et le P. Garasse dit que Diogène le cynique « estoit ung vray *falot* ».

68, 19. Le personnage d'Olibrius est représenté dans les légendes tantôt comme le gouverneur de la Psidie pour l'empereur Dèce, tantôt comme le gouverneur des Gaules pour l'empereur Aurélien. Il est accusé d'avoir cruellement persécuté les chrétiens, sous l'une ou l'autre forme : sous la première, il aurait fait décapiter sainte Marguerite, dont il était amoureux, et qui lui résistait; sous la seconde, l'héroïne du drame serait sainte Reine. Ces histoires paraissent apocryphes; le culte de sainte Marguerite est tout récent. Le nom de cette sainte n'est pas inscrit dans les anciens martyrologes, et j'en connais d'autres qui n'admettent pas sainte Reine. Le nom d'Olibrius, qui figure dans plusieurs tragédies sacrées composées sur sainte Reine, est pris ici dans le sens de tyran, de troisième rôle de mélodrame, tel qu'on le voit dans ces vers de la légende de sainte Marguerite (XIIe siècle) :

Olibrius, li faulx traistre,
Ly escrie : Suer Marguerite,
Croys moi, et fais ma voulenté.

69, 21. C'est un jeu du mois de mai; celui qui est rencontré à quelque heure que ce soit du jour ou de la nuit, non muni d'une feuille d'arbre verte, est « pris sans verd » et paye l'enjeu. « Jouer à je vous prends sans verd. » — « Le dyable me prendroit sans verd s'il me rencontroit sans dez. » (RABELAIS.) — La Fontaine en a fait une comédie : *Je vous prends sans verd*, donnée, sous le nom de Champmeslé, en mai 1693.

73, 2. *Premier que lui*, pour : avant lui. Malherbe a dit :

Premier que *d'avoir mal ils trouvent le remède.*

75, 19. « Ouvrez-leur (aux masques) pour jouer un *momon*. » Le sens ne saurait être douteux : Ouvrez-leur pour qu'ils jouent une scène de mascarade, *momon* ou *momerie*. Au propre, le *momon* se dit des personnes masquées : « Et n'entend-on par ce les priver d'aller en *mommon*, en robes retroussées, etc. » (Ordonnance sur le fait des masques, à la suite des *Arresta amorum*.) Par dérivation, un défi au jeu de dés proposé par un masque se dit « porter un momon », mais ici ce n'est pas le cas. Il y a eu débat, entre étymologistes anciens, sur la question de savoir si *momon* vient du grec μορμὼ, gréco-latin *mormo* ou *mormar*, ou tout simplement de Momus, dieu de la joie et des ris, dont le nom grec Μῶμος signifie tache, opprobre, ou blâme. Périon, Juste-Lipse, Caseneuve, tiennent pour la première étymologie. Ménage et le P. Jacob tiennent pour la seconde, et je crois qu'ils ont raison. Momus est ancien dans la langue, sous la forme française de *mome*. Du Bellay s'en est servi au sens de mauvais plaisant :

> *Or cessent donc les* momes
> *De mordre les escriptz miens.*

Et c'est ici le lieu d'ajouter que Molière lui-même est à plusieurs reprises qualifié d'illustre *mome* dans plusieurs pièces de vers publiées de son vivant, et cela sans la moindre intention désagréable. Une école nouvelle, qui puise ses renseignements au delà du Rhin, prétend dériver *momon* et *momerie* de l'allemand *momsen*, qui veut dire masquer, comme s'il n'était pas évident que *momsen* vient de *momus*, comme *mäcklen* de *maculare*, et tant d'autres mots qui ne sont allemands que de seconde main.

76, 27. *Tarare*, fanfare de trompette, s'emploie comme *turlututu*, son de la flûte, et signifie la même chose : « Chansons que tout cela, allez vous promener ! » Du Cange l'enregistre sous sa forme primitive *taratara*, qui se trouve au XVe siècle dans Coquillart. « Nous parlasmes *tariatara* » ; dans Merlin Coccaje, *tarantatare* ; dans Boursault, *tarare ponpon*, qui imite la trompette suivie de deux coups de grosse caisse.

77, 12. *Régaler* est ici l'équivalent de *récompenser*; le passage de l'un à l'autre est facile à saisir; néanmoins, on ne saurait trouver hors de l'œuvre de Molière un autre exemple de l'emploi de *régaler* dans cette acception.

90, 14. *Débris*, au sens de destruction, de brisement, qui est le plus ancien; *débris*, pour fragment de la chose brisée, n'est venu qu'après. Le moyen âge écrivait *débriser* pour *briser*. D'Aubigné écrivait au XVIe siècle : « Le but de tant que nous sommes qui voulions avoir part au debris du royaume. » Corneille, La Fontaine, Rotrou, Mairet, Brebeuf, Racine, Bossuet, Fléchier, l'ont employé dans le même sens que Molière.

91, 25. *Montriez*, dissyllabique; on prononçait *monriez*.

92, 1. *Avaler des pois gris,* au dire d'anciens recueils, possède deux sens distincts ; dans l'un, l'avaleur de *pois gris* est un prodigue, qui mange goulûment tout ce qui lui tombe sous la main ; dans l'autre, c'est un charlatan. Ni l'une ni l'autre de ces acceptions n'est recevable ici. Fr. Génin, dans son Lexique de la langue de Molière, s'est abstenu d'éclaircir ce passage, et je fais comme lui.

— 3. *Triquetrac,* onomatopée, qui se retrouve dans le nom du jeu de *trictrac.* Ronsard l'écrivait comme Molière :

Il faut le triquetrac *et les cartes aimer.*

94, 22. Je *l'épousterai* bien, pour je l'épousseterai. Ceci est un cas curieux de la lutte, qui dure encore, entre la prononciation et l'orthographe, entre la langue parlée, qui est la naturelle et maîtresse, et la langue écrite, sa subordonnée, qui prétend usurper ses droits. On a toujours prononcé *épouster,* et l'Académie française elle-même n'y contredit pas, puisqu'elle admet l'orthographe *é-pousseterai,* qui, abstraction légitimement faite des *e* muets, se réduit à é-pous-trai. On prononçait encore *épousirai* sur la scène de la Comédie-Française, dans *la Famille extravagante,* de Le Grand, représentée le 7 juin 1709 :

Il épouste *parfois aussi mon justaucorps.*

Le vers de Molière est donc parfaitement régulier et voulu, quoi qu'en pense le poète anonyme qu'il drapera si bien dans *l'Impromptu de Versailles,* et qui, dit-il, conservait parmi le commerce du beau monde « cette exactitude de prononciation qui appuie sur toutes les syllabes, et ne laisse échapper aucune lettre de la plus sévère orthographe. » Ce poète a cependant fait école, sa théorie est formulée par cet axiome méridional : « Toutès lesse lettrês sont faitês pour être prononcéesse. » On en est arrivé à articuler des consonnes qui n'ont été introduites dans certains mots que par l'inadvertance ou l'ignorance des copistes, et qui, par conséquent, constituent de véritables fautes d'orthographe. Que de gens dans le monde, que de comédiens, même à la Comédie-Française, prononcent Anversse et Fréjusse, où l'*s* n'est qu'une épenthèse de hasard, les noms véritables étant pour le premier Antwerp, et pour le second Fré-ju, par apocope de *Forum Julii*, où il n'y a de place pour aucune *s*.

109, 15. *Bissêtre*, pour *bissexte*, du bas-latin *bissextus*. Il désigne le jour supplémentaire qui rend l'année bissextile. Ce jour-là est considéré comme funeste, et son nom est devenu synonyme de malheur ou fatalité. La corruption du mot *bissexte* en *bissêtre* s'est établie de toute antiquité ; dès le XIVe siècle, on lit dans le poème de Du Guesclin :

Nuls ne sait le meschief ne le besisire *grant*
Qui est ens ce roiaume aujourd'hui apparant.

Molière fait parler Mascarille comme on parlait et comme on écrivait de son temps : « Si j'ai fait ici quelque *bissêtre* », écrit Furetière dans *le Roman bourgeois*. « Avant je veux faire *bissêtre* », écrit Brécourt, le comédien de la troupe de Molière, dans sa comédie *la Noce de village*.

114, 11. « *Si* vous leur dérobez » ; *si* est employé dans le sens de son origine, *sic*, affirmatif : « les dames de ces lieux se plaignent des larcins de vos yeux ; oui, vous leur dérobez, etc. » Une autre nuance de *si* est employée par Molière dans *le Bourgeois Gentilhomme*.

117, 2. *Bagasse, baïasse, basse*, au sens propre servante, pris en même temps en une acception injurieuse. Mot très ancien, employé dès le XIIIe siècle, depuis le *Roman de la Rose*, jusqu'aux Mémoires de Sully et aux satires de Regnier. Étymologie incertaine.

117, 3. *Scoffions*, de l'italien *scoffia, caffia*, coiffure.

Car les pendants et les bracelets d'or,
Les scoffions et les chaisnes encor.

Du Bellay.

Sa teste, en ce beau mois, sans plus estoit couverte
D'un riche escoffion ouvré de soie verte.

Ronsard.

— 8. *Décharpir*, lat. *decarpere*, séparer. Le vieux verbe *charpir*, de *carpere*, qui nous a laissé *charpie*, n'est pas de l'invention de Molière, dont les prétendus néologismes sont puisés aux meilleures sources de la langue. *Decharpir* se trouve au XIIIe siècle dans les poésies de Rutebeuf et au XVe dans le *Livre des quatre dames* d'Alain Chartier (omis au Dict. de La Curne de Sainte-Palaye).

Imp. Jouaust et Sigaux.

LES PIÈCES DE MOLIÈRE

PUBLIÉES SÉPARÉMENT

Avec Dessins de Louis Leloir, gravés par Champollion

NOTICES ET NOTES PAR AUGUSTE VITU

SOUS PRESSE : *Dépit amoureux.*

DANS LE MÊME FORMAT

PETITE BIBLIOTHÈQUE ARTISTIQUE

Comprenant actuellement 100 volumes

Derniers ouvrages publiés :

LES FACÉTIEUSES NUITS DE STRAPAROLE, dessins de J. GARNIER, gravés par CHAMPOLLION. 4 vol. . . . . 45 fr.

BEAUMARCHAIS : *Mariage de Figaro, Barbier de Séville,* dessins d'ARCOS, gravés par MONZIÈS. 2 vol. . . . . 32 fr.

DIABLE AMOUREUX, grav. de LALAUZE. 1 vol. 20 fr.

CONTES D'HOFFMANN, grav. de LALAUZE. 2 v. 36 fr.

LES AMOURS DE FAUBLAS, dessins d'AVRIL, gravés par MONZIÈS. 5 vol. 60 fr.

DON QUICHOTTE, dessins de J. WORMS, gravés par de LOS RIOS. 6 vol. 75 fr.

CONTES DE LA FONTAINE, dessins d'ED. DE BEAUMONT, gravés par BOILVIN. 2 vol. . . . . 35 fr.

FABLES DE LA FONTAINE, dessins d'ÉMILE ADAN, gravés par LE RAT. 2 vol. . . . . 40 fr.

LETTRES PERSANES, de Montesquieu, dessins d'ED. DE BEAUMONT, gravés par BOILVIN. 2 vol. . . . . 30 fr.

FABLES DE FLORIAN, dessins d'ÉMILE ADAN, gravés par LE RAT. . . . . 20 fr.

WERTHER, de Gœthe, gravures de LALAUZE. . . . 20 fr.

LES QUINZE JOYES DE MARIAGE, 21 gravures de LALAUZE . . . . 30 fr.

MES PRISONS, dess. de BRAMTOT, gr. par TOUSSAINT. 20 fr.

NOTA. — *Ces prix sont ceux du format in-16, pap. de Hollande. — Voir le Catalogue de la Librairie pour la liste complète de la collection et les exemplaires de grand luxe.*

www.ingramcontent.com/pod-product-compliance
Lightning Source LLC
LaVergne TN
LVHW010607110826
845149LV00003B/805

* 9 7 8 2 0 1 2 1 7 0 3 0 8 *